당신의 멋진 꿈을 응원합니다

우리 희망의 꿈을 날려보아요

저자 김 선 현 올림

날지 않는
꿈도
괜찮아

독자 여러분께

- 표지에 사용된 작품의 캡션은 표지 뒷날개 하단에 표기해 두었습니다.
- 작가명은 외래어 표기법을 준수하되 일부는 통칭에 따랐으며, 작품의 원작명 역시 한글로 통일했습니다. 정정해야 할 부분이 있다면 저희 <베가북스>로 언제든 연락해 주세요.
- 공연이나 노래 제목은 홑화살괄호, 도서명은 표지 앞날개의 저자 소개 부분을 제외하고 모두 겹화살괄호로 표기했습니다.
- [Chapter 4], MBTI에 관한 내용은 어디까지나 흥미 위주로 구성되었습니다. 치료, 의료 목적과는 상관이 없음을 미리 밝힙니다.
- 각 그림은 '작가명, 제작연도, 작품명, 제작 방법, 실물 크기, 소장처'순으로 기재했습니다.
- 그림 중 일부는 《SACK》와 《David Hockney, Inc.》의 사용 허가를 받은 그림입니다. 무단 복제, 가공 및 도용을 금합니다.

날지 않는
꿈도
괜찮아

김선현 지음

베가북스
VegaBooks

희망의
또 다른 이름

"요즘 MZ세대는 정말 알다가도 모르겠어요."

우리 사회에서 'MZ세대'라는 용어는 낯선 듯 익숙합니다. 최근 이 MZ
세대를 이해할 수 없어 힘들다는 교수님과 학부모, 기성세대의 상담 요청
이 끊이지 않고 있는데요. 그러고 보면 저도 MZ세대를 가르치고 있고, 제
아이들 역시 MZ세대라는 사실…!

그동안 MZ세대를 지켜보면서 이들에게 몇 가지 공통된 특징이 있다
는 걸 알게 되었습니다. 기성세대와 가장 큰 차이라면 태어날 때부터 디지
털 환경에 노출된다는 것일 텐데요. 이른바 '디지털 네이티브'라고도 하는
이들은 집단보다는 개인의 행복을, 소유보다는 공유를, 상품보다는 경험을
중시하는 특징을 보이곤 하지요. 이 MZ세대가 향후 상당 기간 우리나라
인구의 가장 큰 비중을 차지할 전망이라면, 이들에 대해 좀 더 면밀하게 알

아볼 필요가 있겠죠?

　　지금 우리 사회에서 '대화'는 사라진 지 오래고, 지극히 어려운 현실만 덩그러니 놓여 있습니다. 특히 청년들에게 말이죠. 이들은 경제침체에 따른 취업난과 불투명한 미래에 대한 불안감으로 하루하루 전쟁을 치르듯 살아내고 있습니다. 곤두박질치고 있는 자존감은 말할 것도 없고요. 이러한 사회 현상을 바라보면서, 삶에 지친 이들을 조금이나마 격려하고, 희망을 주고자 이 책을 집필하게 되었습니다.

　　먼저, 상황에 맞는 그림으로 자존감 회복부터 트라우마 극복까지⋯ 다채로운 정서적 솔루션을 제공하는 데 집중했습니다. 특히 저의 자전적 이야기를 통해 교수의 모습보다 선배나 부모의 모습으로 친근하게 다가서려고 노력했어요. 청년들이 이 책을 통해 자신과 삶을 돌아볼 수 있었으면 좋겠고, 또한 이 책이 기성세대들과 MZ세대가 서로 이해하고 소통할 수 있는 새로운 '소통의 장'이 되길 소망해요.

　　최근 몇 년 사이, MZ세대가 그림에 열광하기 시작했어요. 이들은 이름 있는 작가뿐만 아니라 무명의 작가나 우리에게 익숙하지 않은 애니메이션 등과 같은 작품에도 큰 관심을 보이고 있지요. 그들을 직접 만나 그들이 좋아하는 작가와 작품을 살펴보면서, 생각보다 많은 청년이 단순히 그림을 좋아하는 데 그치지 않고 직접 그리거나 수집하고 있다는 걸 알게 되었어요(놀라워요!).

청년들이 이토록 그림에 열광하는 데에는 그림과 전시를 좋아하는 연예인이나 유명인의 영향력도 있었겠지만, 하나의 세대를 관통하는 공통된 '세계관' 때문이 아닐까 싶어요. 인테리어에 적합하거나, 투자의 가치가 있는 그림을 선호하는 것만 봐도 기성세대가 그림을 보는 관점과는 많이 다르다는 것을 알 수 있지요. 이들은 주로 오일 파스텔을 활용한 부드럽고 자연스러운 질감, 감성을 따뜻하게 자극하는 행동이나 표정이 표현된 그림을 좋아했는데요. 억압된 사회에서 벗어나고자 하는 자유에 대한 갈망과 어두운 심리상태가 반영되었다고도 볼 수 있을 것 같아요.

특히 요즘은 자기소개서에 자신의 성격 유형을 쓸 만큼 'MBTI(성격유형 검사)'가 큰 인기를 누리고 있어요. 정확한 과학적 근거나 의학적 데이터가 있는 것도 아닌 이 MBTI가 이렇게 많은 관심을 받는 것은 '내가 어떤 사람인지 알고 싶은 욕망' 때문일 겁니다. 이 책에는 명화를 비롯한 MZ세대의 취향을 저격한 현역 작가들의 작품도 다수 수록되어 있으며, 특히 4장에서는 MBTI 유형별 그림을 집중적으로 다루었으니 '자신만의 그림'을 찾아 감상하는 재미가 있을 거예요.

저는 그저, 날 수 있음에도 날지 않는 여러분에게 날개가 있다는 걸 알려주고 싶었어요.

'희망'이라는 '날개' 말이에요.

2023년, 봄
김선현 올림

Chapter 4 네가 가진 너

Chapter 5 사랑, 삶, 그림, 그리고 나

Chapter 1

너 깨닫기

아픔을 잊어야 하는
너에게

It's okay to have a dream that doesn't fly

생계, 직장, 가정 등 여러 상황과 이유로 아픔을 견디거나 혹은 자신이 아픈 줄도 모르고 살아가는 청년들이 있습니다. 그것도 아주 많이요. 그렇다면, 이 지옥 같은 현실에서 벗어나는 방법은 없는 걸까요.

현실에서 벗어날 수는 없어도 지옥에서 벗어날 수는 있습니다. 마음먹기 나름이에요. 뻔한 얘기지만, 아픔이 없는 사람은 없거든요. 물론 상처가 없는 사람도 없고요. 우리가 성공했다고 말하는 사람들, 소위 잘나간다는 사람들도 마냥 행복하게만 살고 있지는 않아요. 그 사람들은요. 자신의 아픔을 내적인 힘의 '원료'로 사용할 줄 아는 사람들이에요. 일종의 지혜인 거죠. 유약한 우리가 그 지혜를 발휘하기란 아무래도 쉽지 않아요. 우린 아직 너무 어리고, 또 너무 여리니까요.

'왜 내게만 이런 시련이…'

이런 생각이라면 하루에 몇 번을 해도 이상하지 않을 세상에서, 여러분과 저는 살아가고 있습니다. '시련'은 이겨내야 하고 극복해야 하는 '무언가'로 흔히 인식되는데요(사회적 분위기 또한 그렇고요). 그렇게 참고 견디다 보면 문득 상처를 깨닫지 못하게 되는 순간이 오게 돼요. 어쩌다 깨닫는다 하더라도 그냥 덮어버리기 일쑤지요. 견디지 않으면 도태되고, 낙오하고, 뒤처지니까요. 그러나 시련은요. 혼자만의 것이 아니에요. 정도의 차이가 있겠지만 시련과 고통이 없는 완전무결한 삶은 세상 그 어디에도 없답니다. 신이 아니고서야 그렇게 살아갈 수는 없다는 거예요.

아픈 사람, 건강한 사람, 가난한 사람, 유복한 사람, 바쁜 사람, 한가한 사람…. 우린 각자 다른 모습이지만 저마다의 시련을 갖고 살아간다는 점은 모두 같아요. 너무 가난해서 며칠을 굶은 사람에게, 키우던 고양이가 아파 슬퍼하는 사람의 '시련'을 보여준다면 어떨까요. 호사스러운 슬픔이라며 혀를 차겠죠. 이렇듯 정도와 가치관의 차이는 있겠지만 누구에게나 견뎌야 할 시련이 반드시 있다는 것. 잊으면 안 돼요.

그리고 또 하나. 시련 때문에, 시련이 아프게 한다면 구체적으로 표현하세요. 표현에 인색한 사람은 문제가 생기기 마련이에요. 고인 물은 언젠가 썩게 되는 것처럼요. 아이의 경우에도 기분과 감정을 표현하는 아이들이 그렇지 않은 아이들보다 회복이 훨씬 빨라요. 욕하고 소리지르고 뭘 때려 부수라는 얘기는 절대 아니고요. 자기만의 방식으로 아픔을 표현하는 것이야말로 회복에 있어 가장 중요한 요소가 아닐까 생각해요. 또한 여기서의 '표현'은 더 나은 내가 되길 원하는 '외침'이기도 합니다.

이런 사례는 어떨까요. 어떤 초등학교에서 인명 사고가 발생했어요. 사고도 사고지만, 더 큰 문제는 그 현장을 대부분의 학생들이 목격했다는 거예요. 그 어린 학생들이 말이죠. 그 충격은 이루 말할 수 없을 테고, 트라우마 역시 평생 안고 가야 할 짐이 되어버렸습니다. 그리고 그 이후 여러 기관에서 아이들의 상태를 살피기 위해 설문 조사를 했는데요. 아이들은 하나같이 "괜찮다"고 답변했어요. 이해할 수 없는 일이었지요. 괜찮아서는 안 되기 때문이었죠. 결국 저도 투입이 되었습니다. 저와 동행했던 한 정신건강의학과 교수님은 "아이들에게서 문제가 나타나야 하는데 문제가 나타나지 않으니 그것이 가장 큰 문제다"라고 말씀하시며 안타까워했어요. 아니나 다를까 미술치료를 하는 중에 아이들이 하나둘 울기 시작했고, 그제야 본격적인 트라우마 치료를 할 수 있게 되었습니다.

도도새는 날개가 있으나 퇴화되었습니다. 우리도 현실에 안주하면 이 새들처럼 결국에는 스스로 자신만의 갖고 있는 꿈, 즉 '가치'라는 날개를 소실하게 됩니다.

김선우, 2020, 〈여행〉, 캔버스에 수채, 182×227cm, 개인 소장

큰 사고를 겪은 후 아무렇지 않다면, 그건 대단한 게 아니라 오히려 위험하다고 볼 수 있어요. 가령 어느 형제의 부모님이 돌아가셨다고 해봅시다. 첫째는 슬픔을 억누르고 문상객을 받습니다. 장례를 잘 치러야 하고, 무엇보다 첫째라는 책임감이 있으니까요. 반면 둘째는 울고불고 난리가 납니다. 밥은 먹는 둥 마는 둥, 며칠씩 아무렇게나 널브러져 있습니다. 둘 중 누구에게 아픔이 더 크게 찾아올까요. 생각할 것도 없이 첫째일 겁니다. 아픔은 겉으로 드러내지 않으면 안에서 점점 자라거든요. 하루, 한 달, 일 년, 십 년…. 아픔이 자라도록 방치해선 안 돼요. 감당 못 할 거잖아요.

"역시 첫째는 첫째야. 금방 극복하는구나…"

사실은 그렇지 않다는 거예요. 눈에 보이지 않는다고 해도 문제가 있을 수 있고, 내가 안고 있는 나의 문제들보다 보이지 않는 타인의 문제가 더 클 수도 있어요.

결국 표현해내지 못한 감정들은 어떤 방식으로든 표출이 되고 맙니다. 심할 경우, '자상 행위'로까지 이어질 수 있는데요. 말 그대로 스스로 자기 몸에 상처를 내는 거죠. 자신이 지금 슬픈지, 화가 났는지 알지 못하는 욕구불만 상태가 지속되고 그걸 주체할 수 없어 자신에게 폭력을 가하는 거예요. 감정 조절을 못 하는 사람이 어떻게든 불쾌한 감정을 떨쳐내려고 몸부림치는 거라고도 볼 수 있어요. 이렇듯 어릴 때부터 감정 표현을 제대로 못 하는 사람은 어른이 되어서도 감정 때문에 힘들어하게 됩니다. 감정의 적당한 표현, 더 늦기 전에 시작해보는 게 어떨까요.

우리는 늘 버팁니다. 안간힘을 쓰지요. 그러나 '인내'와 '꾸역꾸역 참는 것'은 그 원형부터가 다릅니다. 인내하되, 결코 참아서는 안 되는 거예요. 해야 할 말은 하는 것. 해야 할 행동은 하는 것. 처음엔 어려울지 몰라도 하다 보면 별거 아니라고 느낄 거예요. 물론 여기에는 기본적으로 '절제'라는 것이 필요한데요. 똑 부러지는 사람은 환영받지만 막무가내인 사람은 환영받지 못해요. 정말 필요한 말인가, 정말 필요한 행동인가, 신중할 필요가 있다는 거예요. 특히 주변 분위기에 쉽게 동요되거나, 가십거리에 쉽게 휘둘리는 청년들이 많은데 신중하지 못한 탓이에요. 너무 진지하면 '진지충'이라 놀림 받죠? 걱정하지 마세요. 진지한 건 좋은 거예요. 그만큼 진취적이고, 그만큼 더 나은 사람이 될 수 있다는 뜻이니까요. 지금부터 그 훈련을 하지 않으면 나중에는 절제력을 완전히 잃게 될지도 몰라요. 여러분의 몸과 마음이 건강하길 바라요.

'위로'에 대해 잠깐 얘기해볼까요. 우리는 위로를 받기도 하지만, 누군가를 위로해주기도 합니다. 누군가를 위로할 때도 주의해야 할 점이 있어요. 바로 아픔이 가진 '전염성'입니다. 나도 문제가 많은데 다른 사람의 문제를 계속 반복해서 듣다 보면 그 문제가, 혹은 그 트라우마가 내 문제가 되어버리기도 해요. 위로의 올바른 방식이라고 하기에는 무리가 따르겠지요. 그러니 너무 많은 위로를 해야 한다는 부담감을 덜어내도 좋아요. 여러분은 전문가가 아니잖아요. 누군가에게 좋은 사람, 좋은 친구가 되어주는 건 백번이고 좋지만 자신의 건강과 정서를 해치면서까지 그럴 필요는 없어요. '착한 아이 증후군'에 대해 들어본 적 있을 거예요. 여러분 안에는 '착한 아이'가 몇 명이나 살고 있나요. 그 아이들이 여러분의 마음을 오히려 해치고 있지는 않나요. 얼른 자신에게 물어보세요!

자신의 아픔을 모르는 건, 스스로가 그 아픔을 잠재워둔 것과 마찬가지예요. 생계나 회사, 가정의 무수한 일들과 맞서지 않고, 그 아픔들을 잠시 뒤로 미뤄둔 것과 똑같다는 거예요. 잠들어 있는 아픔은 어떻게 될까요. 곧 잠에서 깨어나겠죠. 어차피 다시 맞서야 하는 문제들이라는 거예요. 자신에게 주어진 아픔과 맞서지 않으면 근본적인 문제를 절대 해결할 수 없어요. 우리는 모두 생각이라는 걸 할 수 있어요. 그렇게 인식하는 거예요. 아픔을 외면하지 말고 정확히 인식하고 맞서세요.

"남들도 다 그냥 사는데, 나도 억누르고 살자."

바람직한 인내가 뭘까요. 어금니 꽉 깨물고 살면 그게 바람직한 인내일까요. 문제 앞에서 침묵하지 마세요. 해결할 수 있다면 최선을 다해 해결해보는 거예요. 설령 그것이 불가능한 일일지라도 해결해 나가는 과정에서 많은 치유가 있을 거예요. 자신도 모르는 사이에 말이죠. 상처를 덮어놓으면 그 상처는 아물지 않고 곪아요. 상처가 있다면, 그 상처가 곪고 있다면 반드시 도려내야 해요. 도려낼 땐 끔찍하고 아프겠지만 금방 새살이 돋을 거예요. 여러분은 젊으니까 그만큼 회복도 빠를 거예요.

'암'을 예로 들어볼까요. 20대, 30대가 암에 걸리면 암세포의 전이가 중장년층에 비해 빨라요. 건강하니까, 건강해서 오히려 암세포의 활동도 왕성해지는 거예요. 그런데 다행인 건요. 수술 후에 회복도 그만큼 빨라요. 회복이 빠른 이유 역시 젊고 건강하니까, 젊고 건강해서 빠르게 회복되는 거예요. 자신의 회복력을 믿어보세요.

바람, 하늘, 구름 등 자연이 주는 시원함을 통해 삶의 아픈 구석구석을 환기시켜보는 건 어떨지요.

◆◆◆

클로드 모네, 1886, 〈파라솔을 든 여인〉, 캔버스에 유채, 131×88cm, 오르세 미술관

Claude Monet '86

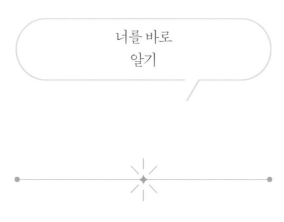

너를 바로
알기

It's okay to have a dream that doesn't fly

"글쎄, 나는 태어난 김에 살아"

젊은 세대들이 장난삼아 흔히 하는 말이죠. 상담하다 보면 그 친구들의 내적 세계를 면밀하게 들여다볼 수 있는데요. 가끔은 좀 뭐랄까, 이상하다는 생각이 들 때가 있어요. 태어난 김에 사는 것처럼 느껴지는 청년들이 생각보다 너무 많다는 거예요. 100세 시대에 살고 있는 10대, 20대가 태어난 김에 산다니… 안타까울 따름이죠. 상담받으러 오는 청년들 대부분은 자신들이 누구인지 잘 몰라요. 잘 모르는 채로 그냥 살아가고 있어요. 그런 이들의 삶이, 과연 무슨 의미가 있을까요.

"뭐가 되고 싶니?"

"파일럿이요!"

"화가요!"

"프로게이머요!"

바로 이전 세대까지만 해도 이런 대답이 바로바로 나왔습니다. 아무 생각 없이 그냥 내뱉은 대답일지 모르지만, 적어도 꿈과 목표를 갖고 자아실현을 위해 모두 노력하던 시절이 있었어요. 그때는 지금처럼 스마트폰을 사용하지도, SNS에 일상을 찍어 올리지도 않던 시절이었죠. 빠르게 변화하는 '세상'은 알아가면서, 정작 자신의 '모습'은 잃어가는 세대. 지금 여러분이 살아가는, 살아갈 세대입니다. 그렇다고 절망적이기만 한 것은 아니에요. 그 안에서도 자신의 참모습을 '발견'하기만 하면 되니까요. 요즘은 특히 학부생들의 상담이 많은데요. 그들이 던지는 질문이 좀 따끔따끔합니다.

"교수님, 제가 뭘 해야 될지 모르겠어요."

"취직을 할까요, 대학원을 갈까요?"

"저는 아무짝에도 쓸모없을까요?"

자신이 누군지, 무엇을 위해 살아가는지 모르기 때문에 할 수 있는 질문이에요. 저 역시 답답하고, 안타까워요. 이 질문에 대한 답은 누군가가 해줄 수 있는 게 아니기 때문이죠. 물론 방향을 제시해줄 수는 있어요. 정보나 지식을 제공해줄 수도 있고요. 하지만 정체성에 대한 깊은 사유와 내적 성찰 없이는 그 해답을 찾기 힘들어요. 결국, 자기 몫인 거예요.

남지 않는 꿈도 괜찮아

자신이 가지고 있는 재능, 장점, 혹은 성향들을 곰곰이 생각해보는 시
간을 가져볼게요. 당신은, 누구인가요?

여러분은 언제나 자신을 찾아가는 과정에 있습니다. 그 과정은 여러분
이 죽을 때까지 거쳐야만 하는 과정이고, 거스를 수도 없죠. 지금부터는 제
가 겪었던 '과정'을 좀 얘기해볼까 해요.

88올림픽 이후, 그러니까 우리나라 경제가 급속도로 발전할 때였어요.
저는 도예를 전공했는데 당시 도예과는 미대의 꽃이라 불릴 만큼 유망한
과였죠. 영화《사랑과 영혼》이 사상 초유의 히트를 치면서 도예과의 인기
가 덩달아 올라가게 된 거예요. 그즈음 저는 대학원 진학을 앞두고 있었고,
참 많은 고민을 했어요. 대학원을 도예과로 가면 제겐 훨씬 좋은 상황이었
는데, 미술 이론과 미술사에 대한 공부 욕심이 있었기에 그 고민은 더욱 깊
어졌죠. 당시만 해도 도제식 교육, 그러니까 제자가 스승의 말을 절대적으
로 따라야 하는 미대의 풍조가 있었고 저는 그때 '나에게 어떤 재능이 있
지?', '내 정체성은 어떤 모양일까' 같은 질문을 스스로 던져보곤 했어요.

--------- ◆◆◆ ---------

마리 드니즈 빌레르, 1801, 〈마리 조세핀 샤를로트 뒤 발 도네〉, 캔버스에 유채,
161.3×128.6cm, 뉴욕 메트로폴리탄 미술관

"나는 발표하거나 글 쓰는 걸 좋아해."

"사람의 심리에도 흥미가 많아!"

끊임없이 질문하다 보니 제 안에 어떤 울림이 생겼고, 과감히 미술 교육 쪽으로 눈길을 돌리게 되었답니다. 1992년은 미술교육학회가 창립되어 미술 교육이라는 체제가 우리나라에 자리 잡던 시기였어요. 미술 심리치료를 배울 수 있는 좋은 기회이기도 했고요. 그렇게 결정하고 나서 학원에서 아르바이트를 하며 아이들을 가르치던 어느 날! 아이들에게 놀이터를 그려보자고 했는데, 이게 뭐랄까… 완전히 제각각인 거예요.

결국 자신이 경험한 세계(놀이터)가 전부였던 거죠. 가령, 에버랜드를 다녀온 아이들은 에버랜드를, 디즈니랜드를 다녀온 아이들은 디즈니랜드를, 집 앞에서 놀던 아이들은 집 앞 놀이터를…. 밝은 성향의 아이는 대체로 밝은색을 많이 쓰고, 어두운 성향의 아이는 어두운색을 더 많이 쓰는 경향을 보면서 미술 교육에 확신을 갖게 된 거예요. 그게 결국은 미술치료로까지 이어지게 된 거죠. 그때는 미술치료라는 분야가 거의 알려지지 않아서 주위의 반대도 무척 심했어요. 무사히 석사과정을 마치고 강의를 하면서 그때도 역시 변화하는 아이들을 보며 용기를 많이 얻을 수 있었어요. 소심하던 아이들이 미술치료를 통해 활발해지고 심리적 변화가 일어나고, 표정이 밝아지는 게 저는 그저 신기했답니다.

"크게, 조금 더 크게 그려 봐"

"그렇지. 삐뚤빼뚤, 얼마든 벗어나도 돼"

아이들뿐만 아니라 청년들과 중장년층까지도 제 강의를 통해 변화되었고, 그걸 보는 저 역시도 치유되는 느낌을 받았어요. 미술 치료의 힘을 비로소 체험하게 된 거예요. 돌이켜보면 저를 믿어주신 부모님의 영향이 컸던 것 같아요. 결국 미술 치료 박사과정까지 무사히 마치게 되었고 본격적으로 미술 치료 전문가의 길을 걷게 되었습니다. 자, 정체성을 찾아가는 이러한 과정을 통해 저는 3가지 요소를 얻을 수 있었는데요.

첫째, 경제적 문제가 해결되었어요. 먹고 사는 일만큼 힘든 게 또 어디 있겠어요. 이게 해결이 안 되면 일과 사람, 모두 놓치고 말 테니까요. 기본 중의 기본이에요. 좋아하는 마음만으로는 안 되는 것들이 많아요. 기본적인 게 해결이 안 되면 일을 그르치게 된답니다.

둘째, 자아실현을 이뤘어요. 잠재력과 가능성을 믿었기에 가능했던 일이에요. 믿는 데서 그치지 않고 끝까지 밀고 나갔죠. 그 원동력은 그저 '내가 하고 싶은 일을 하는 것'이었어요. 특별한 것도 없어요. 내가 내게 질문하며 얻은 답을 쥐고, 끝까지 해본 것. 포기하지 않고 승부를 걸어본 것. 이게 다예요.

셋째, 봉사할 수 있게 되었어요. 좀 거창하게 말하면 공헌이 될 수도 있겠는데요. 아픈 사람들을 보다 전문적으로 돕고 치료할 수 있게 된 겁니다. 진정한 보람과 기쁨을 저는 여기서 얻어요. 그들을 치유하며 동시에 저도 치유를 받고, 그들을 섬기면서 동시에 저도 섬김을 받는 거죠. 누군가를 위해 헌신하고 기도하는 삶은 그 무엇과도 비교할 수 없는 충만함을 저에게

줍니다. 그 힘으로 계속 살아가는 거고요.

　제 생각은 그래요. 나의 자아와 정체성이 불분명하더라도, 흐릿해 보이더라도, 남들이 알아주지 않더라도, 옳다고 생각이 된다면 우선 시작해보는 것. 모든 것이 완벽하게 갖춰진 상태로 시작할 수 없다는 걸 인정하고 받아들이는 것. 이것이 가능해지면 여러분은 여러분이 누구인지, 어떤 사람이고 또 무엇을 해야 하는지 알게 될 거예요. 기억하세요. 자신을 깨닫는 순간, 더 나은 사람이 될 수 있다는 것을!

　각자의 길을 고민하는 청년의 모습이 참 대견하고 예쁘죠? 어떤 방향으로 가게 될지 벌써 기대가 돼요.

――――― ◆◆◆ ―――――

콰야, 2021, 〈각자의 길〉, 캔버스에 유채, 90×60.5cm, 개인 소장

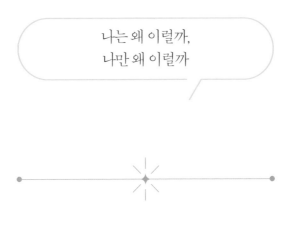

나는 왜 이럴까,
나만 왜 이럴까

It's okay to have a dream that doesn't fly

자존감을 떨어뜨리는 가장 큰 요인 중 하나가 남과의 비교일 텐데요. 페이스북, 인스타그램 등 SNS를 통해 이전 세대보다 더 쉽고 빠르게 '비교 대상'에 노출되어 자존감을 잃게 되는 경우가 많다는 겁니다. '카페인' 중독이라는 말을 들어보셨나요? '카카오톡', '페이스북', '인스타그램'의 앞 글자를 딴 신조어예요. 우리는 지나치게 비교하며 살아요. 그 비교 대상이 '진짜'가 아닌데도 말이죠.

우리나라 「헌법」 제10조는 이렇게 규정하고 있습니다. "모든 국민은 인간으로서의 존엄과 가치를 가지며, 행복을 추구할 권리를 가진다." 행복…,

참 따듯하고 좋은 말이죠. 가까이 있지만 그만큼 멀리 있는 말이기도 하고요. 사람들은 자신의 욕망이 채워져야 비로소 행복하다고 느껴요. 당연히 저도 그랬던 때가 있었고. 욕망을 채우려면 노력하고 경쟁해야 하는데 대부분의 좌절과 절망은 그러한 노력과 경쟁에서부터 시작이 돼요. 비교 역시 그때부터 시작되는 거죠.

'쟤는 되는데, 왜 나는 안 되지?'
'부러워, 해외여행을 밥 먹듯이 다니잖아!'
'저 가방, 인스타에서 봤어. 신상이겠지?'

살면서 이런 생각을 한 번도 안 해본 사람은 아마 없을 거예요. 의식하지 않아도, 자연스럽게 떠오르는 생각이니까요. 이런 비교가 긍정적인 요소로 작용하는 경우도 더러 있지만, 대개는 부정적으로 작용해 자아의 건강을 해치곤 해요. 자신이 너무 싫고, 마음이 유약해져 있는 사람에겐 이런 것들이 더 크게 다가올 수 있어요. 위험하다는 거예요. 자신도 충분히 예쁘고 아름다우면서, 그런 자신을 스스로 미워하게 되는 게….

핸드폰 화면 속 사람들은 물질적으로 풍요롭고 화려한 것 같지만, 실제 삶은 그렇지 않다는 것을 먼저 알 필요가 있어요. 사실 진짜 잘난 사람들은 자신을, 혹은 자신이 가진 것을 자랑하지 않아요. 자랑하지 않아도 모두가 알아주니까요. 그런데 가짜들, 흉내만 내는 사람들은 어떻게든 드러내고 과시하려 하죠. 그렇게라도 하지 않으면 아무도 알아주지 않으니까요. 그런 가짜들과 비교하면서까지 자신의 자존감을 깎아내리는 건, 너무 억울하지 않나요.

　지인 중 한 사람이 되게 부자예요. 아니, 정확히 말하면 부자로 오해했어요. 좋은 집에 살고, 좋은 차를 타고, 남들이 다 부러워하는 삶을 사는 것처럼 보였거든요. 어느 날 그분과 속마음을 털어놓을 기회가 있었는데요. 빚이 많더라고요. 생각보다 너무 큰 액수라 깜짝 놀랐어요. 늘 여유롭고 풍족해 보였는데…. 하지만 저를 더 놀라게 한 건 그분의 말 한마디였어요.

　"빚 때문에 집을 팔아야 하는데, 강남에 있는 집을 정리하면 남들이 인정해주지 않을 것 같아 여러모로 고민입니다."

　처음에는 제 귀를 의심했답니다. 도무지 납득이 가지 않았거든요. '껍데기뿐인 허영심의 끝이 이런 건가?' 싶더라고요. 누구에게나 자신이 생각하는 '가치'가 있겠지만, 이런 방법으로 자신의 가치를 추구하는 건 결코 건강하다고 볼 수 없어요. 자존감과 자존심은 엄연히 다르니까요. 자존감이 스스로 품위를 지키고 자기 자신을 존중하는 마음이라면, 자존심은 남들에게 인정받고 존중받고 싶은 마음이에요. 만약 그렇게 되지 못할 때는 자신에게 그 화를 쏟아붓고 자신을 원망하고 자책하게 되는 거죠. 이보다 불행한 삶이 또 있을까요? 행복하진 못할지언정, 적어도 자신을 불행하게 만들지는 말아야죠.

　누가 어디를 갔더라, 누가 뭐를 입었더라, 누가 뭘 먹었더라… 이런 건 결코 중요하지 않습니다. 사회 구성원으로서 결국 SNS를 하지 않을 수 없다면, 유익한 방식으로 접근해보는 건 어떨까요. '비교'를 '다양성'으로 바꿔 의식하는 거죠.

'이 사람은 이런데, 나는 왜 이 모양일까?'가 아니라,
'이 사람은 이런데, 나는 이런 모양이기도 하구나!'로 말이죠.

다양성이 가진 아름다움과 힘을 믿는 거예요. 우리 모두 고유의 아름다움을 지녔고, 고유의 향기를 지니고 있으니까요. 그 아름다움을 보지 못하고 자꾸 남과 비교하고 절망한다면, 있던 아름다움도 몽땅 날아가버릴 거예요. 자신을 가꾸는 건 다른 게 아니에요. 명품 옷을 입고, 비싼 화장품을 쓰고, 고급 레스토랑에서 식사하는 게 아니라는 거예요. 자신의 아름다움을 알고, 그걸 잃지 않는 삶의 태도를 갖는 것, 이것이야말로 남과 비교하지 않으면서 자신을 가꿔나가는 현명한 방법이에요.

명품 얘기가 나왔으니, 조금만 더 다뤄볼까요. 가짜 명품 있죠. 우리가 흔히 '짝퉁'이라고 부르는 제품들이요. 특히 최근에는 연예인들, 인플루언서들이 갖고 있는 명품이 진짜냐 가짜냐 하는 진위 여부를 두고 말이 많은데요. 진짜든 가짜든 사실 그건 별로 중요하지 않아요(물론 짝퉁을 제작하고 판매하는 건 불법입니다만!). 물건이 그 사람의 가치를 매겨주지는 않으니까요. 심리학 쪽에서는 진짜 명품을 못 가져서 불행할 바에는 가짜 명품을 가져서 행복한 게 낫다는 의견도 있어요. 갖고 싶은 걸 못 가지면 스스로 불행하다고 여길 수도 있고, 심한 경우 범죄로 이어질 수도 있기 때문이죠. 그렇다고 명품이나 값비싼 차, 물건을 부정적으로만 볼 수는 없어요. 여유가 되고,

그 가치를 충분히 이해하고 활용한다면 때로 근사한 삶을 누릴 수도 있으니까요. 일종의 '선물' 같은 개념이죠. 허세나 허영심이 없다는 가정하에서 말이죠.

저 다양성을 좀 보세요. 자신의 생각, 자신의 세계에만 갇히지 말고 자신의 밖으로 뛰쳐나오세요. 지경이 넓어질 거예요!

──── ◆◆◆ ────

막스 리버만, 1884, 〈뮌헨의 맥주 정원〉, 패널에 유채, 95×68.5cm, 뮌헨 노이에 피나코텍

남과 비교하지 않는 마음가짐이 우선 가장 중요하겠지만, 그게 잘 안돼서 자존감이 바닥을 치고 있다면 운동을 해보세요. 운동이라고 해서 뭐 특별할 건 없고요. 한적한 공원이든 복잡한 도심지든, 한 시간이고 두 시간이고 걸어보는 거예요. 여유가 된다면 편하고 가벼운 러닝화를 하나 장만해도 좋고요. 근육의 25%가 다리에 있다고 해요. 걷게 되면 몸도 마음도 25%만큼 건강해지는 거예요. 다이어트를 위해 억지로 걸을 때와는 즐거움의 차원이 다르겠죠. 걷다가 지루하면 음악을 들어도 좋고, 계획을 세워봐도 좋아요. 결국 조금이라도 건강한 환경을 만들 수 있다면 그렇게 해보자는 거예요. 기꺼이요.

다음으로는 음식을 꼭꼭 씹어 드세요. 되게 사소하죠? 하지만 음식을 천천히 꼭꼭 씹어 먹는 건 운동하는 것만큼 중요하고 건강한 행위예요. 반찬이 김치 하나만 있어도, 맛있게 꼭꼭 씹어 먹는 사람은 그렇지 않은 사람보다 행복감이 훨씬 큽니다. 진수성찬을 앞에 두고도 즐거운 마음, 감사한 마음으로 먹지 않는다면 좋은 음식을 먹는 의미가 없다는 거예요. 씹는 즐거움을 알고 나면 정서적으로도 즐거워져요. 사소하면서 빼놓을 수 없는 것 중에는 '햇볕 쬐기'도 있어요. 걸으면서 자연스럽게 할 수 있기에, 여러분은 날씨만 잘 선택하면 돼요. 몸의 건강을 유지하는 데 햇볕은 필수니까요. 비타민 D는 체내에서 만들어지지 않고, 피부를 햇볕에 노출함으로써 합성이 돼요. 햇볕은 우울감이나 면역 관련 질환에도 상당한 효과가 있으니 주저 말고 밖으로 나가봅시다. 산책, 식사, 햇볕은 우리의 일부라고 봐도 될 만큼 가까이 있기에 실천하는 게 그리 어렵지는 않을 거예요. 조금만 용기를 내보아요, 조금만.

친구가 있다면 친구를 만나세요. 자신이 비교 대상으로 삼지 않을 수 있는 그런 친구 말이에요. 유치하다고 느낄 수도 있지만 같이 영화도 보고, 밥도 먹고, 차도 마시는 거예요. 그러다 보면, 그게 쌓이고 쌓이다 보면 어느 순간 '회복'되어간다는 걸 스스로 느낄 수 있을 거예요. '소확행'이라는 말도 있잖아요. 소소하지만 확실한 행복을 찾으면 자존감은 반드시 회복될 거예요. 단, 비슷한 감정의 힘듦을 겪고 있는 친구라면 그때만큼은 그 친구를 피하는 게 좋아요. 감정은 전이되기 마련이거든요. 저 역시 자존감이 낮고 우울의 정도가 심한 친구들과 상담을 하고 나면, 그날 저녁은 저도 모르는 어두운 감정이 불현듯 차오르니까요.

그러니 불필요하게 타인과 자신을 비교하지 마세요. 비교할 걸 비교하라는 거예요. 애초에 비교 대상이 아닌데, 그 대상과 자신을 자꾸 비교하려 하니까 점점 더 이상해지는 거잖아요. 이 거대한 인터넷 시대에, SNS를 끊으라고는 결코 말하지 않겠어요. 대신 괜한 데 에너지 쏟기 없기예요!

타인의 시선은 중요하지 않아요. 자신의 모습과 자신의 내면을 들여다 볼 줄 아는 사람이 진정한 의미로서의 '자존감' 확립을 보장받을 수 있어요. 이 그림을 보세요. 사랑의 에너지가 느껴지지 않나요?

오귀스트 툴무슈, 1889, 〈허영〉, 캔버스에 유채, 73×48cm, 개인 소장

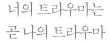

너의 트라우마는
곧 나의 트라우마

It's okay to have a dream that doesn't fly

'나만의 아픔, 나만의 고통. 너흰 절대 몰라…'

　자신이 겪는 트라우마가 오직 자신만의 것이라고 생각하는 청년들이 있어요. 그러나 아주 특수한 경우를 제외한다면 우리는 대부분 비슷한 경험을 하면서 비슷한 감정을 느끼고, 비슷한 트라우마를 겪으며 살아갑니다. 쉽게 말해, 자신만이 갖고 있는 '특별한' 트라우마는 아주 드물다는 거예요. 세상 슬픔 혼자 다 겪었을 것 같고, 세상 무게 혼자 다 짊어졌을 것 같지만 사실 우리 모두 그렇게 살아가고 있습니다. 처한 환경이나 상황이 크게 다르지 않기 때문이죠. 공감 능력이 부족해 그걸 온전히 캐치해내지 못할 뿐이에요.

전두엽은 아동기, 그러니까 어린 시절에 가장 많이 발달하는데요. 합리적인 판단과 대인관계 능력을 담당하는 중요한 기관이 바로 이 전두엽이에요. 이 시기가 그만큼 중요하다는 건데, 요즘 아이들을 보면요. 흥미나 의욕, 능력과 이해 등을 전혀 고려하지 않은 주입식 교육 탓에 공감 능력이 일정 수준 이하에 머물러 있는 친구들이 많아요. 초등학생, 중고생, 대학생 할 것 없이요. 학원 다니고 학교 다니기 바쁜데 정서를 가다듬고 키울 시간이 어딨냐는 거예요. 그런 아이들이 자라 트라우마를 겪게 되면, 그 트라우마로 인해 좋지 않은 상황에 놓이기도 한답니다. 그 아픔이 오직 자기만의 것이라 여기기 때문이지요. 남을 이해하지 못하니까 남의 상처나 아픔 역시 들여다보지 못하는 거죠. 생각해보세요. 나만 아픈 것 같고 나만 힘든 것 같았는데 알고 보니 모두가 아픈 상태구나, 하고 느낄 때 그 위로가 얼마나 크게 다가오겠어요.

그건 다른 사람도 마찬가지예요. 여러분이 다른 사람에게 공감해줄 때 그 사람이 느낄 따듯함을 생각한다면 여러분의 이기적이고 배타적인 행동과 태도를 조금이나마 떨쳐낼 수 있을 것 같아요. 이것이 '집단 트라우마'의 속성이기도 해요. 트라우마를 경험한 사람들끼리 어려움을 공유하고, 이겨낼 방법을 함께 모색하고, 보듬어주고… 슬픔을 나누면 반이 된다는 말이 있듯이요. 개인 트라우마가 집단 트라우마에 일부 포함될 수 있다는 거예요. 왜냐하면 우리는 사실, 크게 다르지 않기 때문이죠(물론 각자가 특별한 사람이고 특별한 존재인 건 맞지만!).

깨진 유리창처럼, 트라우마는 갑자기 다가옵니다. 갑자기 상처를 내고, 갑자기 온 마음을 흩트려 놓죠. 그 마음, 같이 치워요. 오래 걸리지 않을 거예요.

르네 마그리트, 1936, 〈전원의 열쇠〉, 캔버스에 유채, 81×60cm, 개인 소장
© René Magritte / ADAGP, Paris － SACK, Seoul, 2023

공감 능력이 떨어지면 가장 먼저 대화가 어려워져요. 남 얘기 듣는 게 시간 낭비 같고 정말이지 따분하죠. 내가 상대방의 얘기를 알아듣지 못하니까, 상대방도 내 얘기를 알아듣지 못할 거라 생각하는 거예요. 결국 점점 더 침묵하게 되고… 그렇게 외로워지면 모든 상처와 트라우마들이 오직 '내 것'이라 착각하며 끝도 없이 추락하게 될 거예요. 예를 들어볼까요. 예전에는 누군가가 아기를 낳잖아요? 그럼 그 아기를 돌봐줄 사람이 많았어요. 할머니부터 할아버지, 삼촌, 고모, 엄마, 아빠, 그리고 동네의 수많은 이웃까지요. 그런데 지금의 사회는 어때요. 말만 공동체지, 독립적으로 아기를 키우는 경우가 대부분이에요. 그게 엄마의 입장이든, 아기의 입장이든, 좋은 정서가 자리 잡기는 예전보다 어렵다는 거예요. 혼자서 짊어지는 게 너무 많고 버거울 테죠. 사람은 누구나 외롭다지만, 이런 상황이 막상 닥치면 힘들어하지 않을 사람은 단 한 명도 없을 거예요. 공감과 이해의 부재가 그만큼 무서운 법이에요.

우리는 늘 부재와 맞서 싸웁니다. 이길 때도 있지만 질 때가 훨씬 많지요. 그 '부재'를 '실재'로 변화시키는 건 우리 능력 밖의 일인데요. 그렇다면 그 환경에 적응하고, 지혜를 발휘해 이겨나가는 수밖에 없어요. 고통을 겪는 중에는 아프기만 한 것이 아니라, 그 안에서 분명 무언가를 얻기도 하고 또 성장하기도 하거든요. 혼자 이겨낸 고통이라면, 앞으로 감당하지 못할 고통은 없을 거예요. 신은 인간에게 감당치 못할 시련은 결코, 주지 않으니까요.

긴 터널을 걷고 있다고 생각해볼게요. 앞이 보이지 않고, 지칠 대로 지쳐 더는 걸을 수 없을 것 같은데, 그래도 걷습니다. 걷다 보면 끝이라는 게 나오니까, 계속 걷습니다. 멀리 빛이 보이기 시작해요. 주변이 점점 환해지고, 이 길고 어두운 터널을 혼자 걸어온 줄 알았는데 옆을 보니 한 사람, 또 그 옆을 보니 한 사람이 보여요. 어둡고 힘들어 바닥만 보고 걷던 나는 보지 못했어요. 그 많은 사람들을 보지 못했어요. 혼자라고 생각했는데, 혼자가 아니었던 거예요. 그렇게 긴 터널을 모두 빠져나오고 사람들은 하나둘 자신이 걸어온 터널에 대해 얘기하겠죠.

"너무 캄캄했어. 혼자였고… 걸어야겠다는 생각밖엔 안 들더군."
"맞아, 나도 그랬어."
"나도."
"어쩜, 나도 그랬다고!"

자신만의 아픔, 자신만의 트라우마는 없어요. 다만 그렇게 착각할 뿐이죠. 그러니 외로워하지 마세요. 우린 '집단 트라우마'를 앓는 중이니까요!

트라우마를 겪게 되면 '혼자라는 생각' 때문에 많이 힘들고 외로울 거예요. 혼자라는 생각을 '혼자라는 착각'이라고 다시 생각해볼까요?

알폰스 무하, 1912, 〈위협〉, 석판화, 35×35cm, 무하 재단

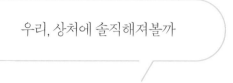

우리, 상처에 솔직해져볼까

It's okay to have a dream that doesn't fly

치부를 들키는 것 같아서, 남이 흉볼까 봐, 상처를 감추려고만 하는 사람들이 있어요. 그 마음 잘 알아요. 저도 그랬으니까요. 드러내지 않으면 치유할 수 없다는 걸 알면서도 상처를 숨기고 살아가는 청년들에게 저는 이 말을 먼저 하고 싶어요.

"지나치게 솔직하거나, 전부를 드러낼 필요는 없어!"

물론 상처에 솔직한 건 좋아요. 상처를 직시하고 구체적으로 치료할 수 있으니까요. 그렇다고 반드시 솔직해야 하는 건 아니니 걱정하지 말아요. '기 드 모파상'의 소설 《목걸이》나 《비곗덩어리》에서처럼 말이에요. 마틸

드가 덜 솔직했더라면 가짜 목걸이를 구해 포레스티에 부인의 보석함에 넣었을 테고(물론 빌린 목걸이도 가짜였죠!), 매춘부가 덜 솔직했더라면 애초에 음식을 나눠 먹을 일이 없었을 것이고, 나아가 신분 자체를 속였을 수도 있었을 테니까요. 상처 치료에 '솔직함'이 능사가 아니라는 거, 이해되시죠? 상처를 드러내면 그 상처가 어느새 '약점'이 되기도 한답니다.

　제가 직접 겪은 일은 아니지만, 과거엔 이런 일도 있었어요. 학생들과 상담하다 보면 둘이 아무래도 친해지게 돼요. 있는 말 없는 말 다 하고, 남모를 고민 다 얘기하고, 울고불고… 나중엔 언니라 불러도 되겠냐고, 그래서 그러라 하고…. 그러면 어떻게 되는지 아세요? 그다음 주부터 그 친구, 상담받으러 안 가요. 왜 안 가지, 하고 봤는데 글쎄 그 친구가 이런 생각을 갖고 있더라고요.

　"너 왜 상담받으러 안 가니?"
　"아니 교수님, 그 상담사 선생님이랑 저랑 다를 게 하나도 없는데, 제가 거기 가서 무슨 치료를 또 받겠어요. 그래서 그냥 안 가려고요."

　마음을 열면 때로 이렇게 돼요. 상처에 솔직해지는 순간, 딱 그만큼의 상처를 다시 받게 된다는 거예요. 물론 터놓고 말하는 대상이 누구냐에 따라 다르겠지만, 정말 마음을 터놓고 얘기할 수 있는 가족이나 친구 한두 사람만 있으면 돼요. 많이도 필요 없어요. 그리고 그들에게 진심으로 고마움을 표현하세요. 그거면 돼요.

블루는 우울을 상징하기도 하지만 그 안에 희망을 담고 있어요. 해변을 함께 걸어 줄 누군가가 있다는 것 자체만으로도 큰 위로가 될 수 있어요. 상처는 그렇게 알게 모르게 치유되곤 한답니다!

페더 세버린 크뢰이어, 1893, 〈여름밤 스카겐 남쪽 해변, 안나 앙케와 마리 크뢰이어〉
캔버스에 유채, 60×38.5cm, 히르슈스프룽 컬렉션

가장 좋은 방법은 상처를 굳이 누군가에게 오픈하지 않되, 그 상처를 본인이 파악한 후 스스로 치료하는 거겠죠. 상처의 최소화, 이것이 치료의 핵심이에요. 타인의 상처를 보듬어주고 안타까워해주는 사람이 있는 반면, 또 어떤 이들은 그걸 이용하려 들거든요(지피지기면 백전백승이라나).

예를 들어봅시다. 여기 '그림'이라는 사람이 있어요. 이름만 그림이지 전과자죠. 죄목은 절도! 마트에서 물건을 훔치다 몇 차례 걸려 징역 5개월을 선고받고 이제 막 사회로 복귀했어요. 비교적 짧은 형량에다 죄질이 나쁜 편이 아니라(물론 그 어떤 범죄라도 저질러서는 안 되겠죠?) 모 회사에 들어가게 되었답니다. 그림 씨는 힘들었던 과거의 자신이 상처투성이라는 생각을 했고, 감방 안에서의 생활 또한 트라우마로 남아 이 아픔을 누군가와 나누고 싶었습니다. 그래서 어느 날 용기를 내서 친해진 회사 직원들에게 이렇게 말했어요.

"그때, 형편이 너무 어려워 마트에서 음식을 몇 번 훔쳐 먹었어요. 아무리 배가 고파도, 그랬으면 안 됐는데…. 결국 5개월 실형을 살고 나왔어요. 너무 후회되고 그때만 생각하면 마음이 아파요."

그 후로 회사 직원들은 그림 씨를 피하게 됩니다. 그림 씨는 '상처에 솔직한 죄'로 5개월이 아닌 5년, 50년의 형을 추가로 받게 된 것일지도 모르죠. 물론, 그림은 없는 사람이고, 이 이야기도 실제가 아닙니다. 그러나 유사한 일들이 지금도 곳곳에서 벌어지고 있다는 사실을 잊어서는 안 돼요. 자신의 상처를 가감 없이 발설한다고 그게 솔직한 게 아니라는 것! 이제 알겠죠?

　　그렇다면 이제 혼자 알고 있는, 혼자 앓고 있는 그 상처를 좀 면밀하게 들여다보면 좋겠는데요. 어떻게 치유하고 어떻게 회복할 수 있을까요. 가장 좋은 방법은 아무래도 운동일 거예요. 몸을 움직이고 에너지를 쏟다 보면, 마음의 병과 몸의 병을 동시에 치료하는 효과를 볼 수 있을 테니까요. 힘든 운동, 어려운 운동, 귀찮은 운동, 안 해도 되고요. 그냥 걷기만 해도 효과가 나타날 거예요.

　　여행이나 종교의 힘을 빌려 보는 것도 하나의 방법일 수 있어요. 여행을 좋아한다면 국내 이곳저곳을 누비면서(여유가 된다면 해외도 좋아요!), 여행지에서만 발견할 수 있는 또 다른 자신의 모습을 찾아가는 것도 병든 마음을 치유하는 데 많은 도움이 될 거예요. 종교가 있다면 절이든, 교회든, 성당이든 가리지 말고 나가보세요. 초자연적인 거대한 존재에게 자신의 마음을 맡겨 보는 것도 어쩌면 큰 위로와 치료가 될 수 있으니까요. 어느 종교든 좋은 성직자들이 있기 마련이고, 그들이 훌륭한 멘토가 되어줄 수도 있거든요. 종교적인 부분을 뺀다고 해도요.

　　상처를 굳이 드러낼 필요가 없다고 했는데, 그렇다고 방치하는 건 안 돼요. 상처는 곪고, 나아가 더 큰 상처나 다른 형태의 상처로 변모할 수도 있기 때문이죠. 운동이나 여행, 종교적인 도움 말고도 치유의 방법은 다양해요. 저마다의 개성이 있고 성향 또한 다르기에 자신에게 맞는, 어울리는 방법들을 모색해나가면 되는 거예요. 그 과정을 겪는 자체만으로도 많은 변화가 찾아올 거예요. 자신을 위해서, 자신이 뭔가를 하고 있다는 거잖아요.

SNS만 봐도 그래요. 단점을 부각해서 사진을 찍어 올리는 사람은 없을 거예요. 콘셉트가 아닌 이상 말이죠. 잘난 모습, 남들이 부러워할 만한 요소들을 찍어 올리고 싶은 게 사람의 본능이고 심리예요. 일종의 방어기제일 수도 있겠는데요. 뒤에서 구체적으로 다루겠지만, 자해한 뒤 상처나 혈흔 등을 찍어 올리는 경우는 이와 반대되는 경우라고 볼 수 있어요. 상처를 오히려 드러냄으로써(이는 매우 잘못된 방법이에요) 관심을 받고, 그 관심이 치유라고 착각하는 거예요. 상처를 드러내는 게 기본적으로는 치유하기 위함이지, 주위 사람들의 동정을 끌거나 관심받기 위함이 아니라는 거, 명심해야 해요.

지쳐 보이는 여인의 뒷모습이에요. 힘들고 괴로운 모습을 지나치게 드러낸다면, '악한' 이들이 여러분의 가장 '약한' 부위를 물고 늘어질 수도 있으니 신중해야 해요!

--- ✦✦✦

툴루즈 로트렉, 1896, 세탁, 판지에 유, 67×54cm, 오르세 미술관

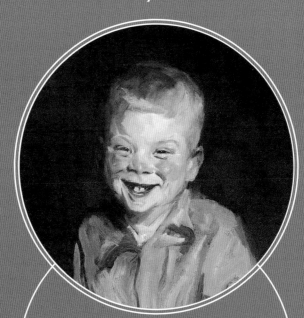

Chapter 2

너는 너에
실패하지
않는다

힘들면 바닥을 보고
걸어도 돼

It's okay to have a dream that doesn't fly

힘들어하는 것 자체로 자신을 가엾게 여기는 청년들이 있어요. 힘들어 하는 게 마치 죄라도 되는 것처럼 말이죠. 잠깐의 '쉼'이나 '휴식'이 필요한 청년들이 스스로 그런 오해를 하기 시작하면, 삶이 망가지는 줄도 모르고 앞만 보고 걷게 되는데요. 힘들면 바닥을 보고 걸어도 돼요. 왜냐하면,

"바닥에도 그림이 있거든요."

이 책은 결국 글과 그림으로 여러분에게 치유의 메시지를 전하기 위해 쓴 책이에요. 원근법을 이용한 '트릭 아트'를 본 적 있나요? 그래요. 바닥에 도 그림이 있어요. 그러니 지치고 힘들 땐 바닥을 보고 걸어요. 심지어 걷지

않아도 되고요. 우리 사회의 풍조를 먼저 잠깐 살펴볼 텐데요.

"일단 견뎌야 해!"
"멈추면 도태되고 뒤처질 테지."
"낙오할 셈이야?"

버티지 않으면, 버티지 못하면 미성숙하게 바라보는 시각이 우리를 자꾸 괴롭히고 있어요. 요즘 말로 '존버'라고 하던가요. 무조건 버티고 보자는 식이죠. 과연 이것이 올바른 인내의 방식일까요? 글쎄요. 제 생각은 조금 달라요. 겨우 그런 거 갖고 힘들어하냐는 둥, 나약해 빠졌다는 둥, 그런 말은 가볍게 무시하자고요. 안 그래도 힘든 이 청년의 시기에 본인의 건강을 해치면서까지 견딜 필요는 없다는 거예요. 고속도로나 휴게소에 졸음쉼터를 괜히 만들어 놓은 게 아니에요. 쉬어 가지 않으면 사고 날 확률이 높아지는 건 당연한 일이고, 설사 사고가 나지 않더라도 사고의 무수한 확률을 뚫고 목적지까지 도달하는 데 얼마나 많은 고통과 스트레스를 감내해야 되겠냐는 거예요.

30대 청년들을 집중적으로 상담하던 시기가 있었어요. 20대로 돌아갈 수 있다면 돌아가겠느냐고 물었더니, 놀랍게도 남녀 할 거 없이 대부분이 '그러지 않겠다'로 답했어요. 학교, 취업, 대출, 군대, 결혼, 출산 등등 너무 힘들고 괴로운 시기를 보냈다는 거죠. 지금도 힘들기는 매한가지지만 적어도 그때보다는 숨통이 트인다, 저는 이렇게 해석했습니다. 그때로 돌아가고 싶다가도, 막상 그 고생을 다시 해야 한다고 생각하니 저 또한 눈앞이 캄

캄해지더라고요. 청년기만큼 힘든 시절이 또 있을까 싶은데요. 이때 우리
는 '자기 연민'을 조심해야 해요. 요즘은 자기 연민을 다른 뜻으로도 해석하
는데요. 제가 말하는 자기 연민은 대체로 이런 겁니다.

"나는 엉망이야."
"시키는 대로 하는 수밖에…"
"난 그저 나약하고 초라한 존재니까."

저에게도 청년, 그러니까 대학생이던 시기가 있었어요. 선배이자 멘토
였던 사람이 제게 항상 말하곤 했죠. "너 힘든 거 다 아는데, 자기 연민에는
빠지지 마." 자기 연민은, 자기 자신을 한없이 나약하게 만들어요. 자신의
나약함을 스스로 인정하는 꼴이 되어버리는 거죠. 설령 자신이 정말 나약
한 사람이라고 해도 그런 인정은 바람직하다고 보기 어려워요. 자기 연민
에 빠져 자기를 다스리고 통제하지 못한다면, 몇 년이고 세상에 끌려다닐
수밖에 없다는 거예요. 그러다 나중에 나이가 들어 궤도 수정을 하려 하
면, 그땐 지금처럼 건강하지도 않아서 두 배, 세 배로 힘들지도 몰라요.

10대든, 20대든, 30대든 휴식해야 할 때를 분명히 알고 올바른 방법으
로 휴식하는 게 얼마나 중요한 일인지 알아야 해요. 보디빌더들이 각고의
노력으로 몸을 만들잖아요? 그들이 강조하는 게 딱 이 세 가지예요. 운동,
식단, 그리고 휴식. 이처럼 휴식은 무언가를 해나감에 있어 빼놓을 수 없는
요소 중 하나인데요. 어쩌면 앞을 보고 간다고 해서, 앞으로 나가는 게 아
닐 수도 있다는 거예요. '휴식(rest)'이 없다면 '다음(next)'도 없어요.

저 도도새들 좀 보세요. 여러분도 자기만의 공간과 시간 속에서 충분한 '쉼'을 가져봅시다.

제가 아는 한 어른의 오래된 이야기를 잠깐 하고 싶은데요. 그분이 아직 젊었을 때, 기회가 생겨 몇몇 동료들과 함께 일본에서 직장생활을 하게 되었어요. 당시 일본은 지금보다 국력이 더 강한 나라 중 하나였고, 월급도 우리나라에서 받는 것보다 더 많이 받을 수 있었지요. 월급날이 되면 동료들은 가전제품(일본 Z사의 '코끼리 밥통'이 유행하던 시기)이며 살림살이며, 생활에 보탬이 되는 물건들을 주로 구입했는데, 이 어른은 미술관에 가거나 영화를 보는 등의 문화적 체험에 월급을 다 써버린 거죠. 틈틈이 맛있는 음식도 먹으러 다니고요. 결국 나중에 한국으로 돌아올 때 동료들은 양손 가득 뭔가를 한 보따리씩 갖고 왔는데, 그 어른만 빈손이더라는 거예요. 산 게 없으니 당연한 일이었죠. 그러나 얼마간의 시간이 지나자 '휴식'의 진가가 드러나기 시작했어요. 그때의 체험을 계기로 일본 관련 세미나를 열게 되고, 감사나 자문 요청이 쇄도하기 시작한 거예요. 거기서 새로운 비전을 품었고, 우리가 흔히 말하는 '성공'에 한 걸음 더 다가설 수 있었다고 해요. 단편적인 예이긴 하지만, 삶을 너무 무리하게 끌고 갈 필요가 없다는 말을 하고 싶어요.

———— ✦✦✦ ————

김선우, 2021, 휴가, 〈캔버스에 수채〉, 116×91cm, 개인 소장

돈과 명예보다 중요한 게 건강이라고 우리가 습관처럼 말하잖아요. 건강은 식습관과 많은 연관이 있어요. 힘들수록 잘 먹어야 한다는 말, 들어보셨죠? 값비싼 음식도 물론 좋지만, 영양분을 골고루 섭취해 주는 게 가장 좋아요. 저는 육아로 지치고 힘들 때, 혼자 나가서 삼계탕도 먹고, 평소에 먹고 싶었던 음식도 이것저것 챙겨 먹었어요. 그때만 해도 식당에서 혼자 밥 먹는 '혼밥'의 문화가 거의 없었는데요. 누가 이상하게 쳐다보든 말든, 저는 건강을 위해 늘 혼자 밥을 먹으러 다녔답니다. 제가 지금 이렇게 건강한 것도 끼니를 잘 챙겨 먹은 덕이라고 생각해요. 이런 말도 있잖아요. "지금의 건강이 10년 후의 건강이다." 여러분도 다이어트니 뭐니 하면서 끼니 거르지 말고 잘 챙겨 드시길 바라요. 귀찮은 건 순간이에요!

여러분이 멈추지 않는, 혹은 멈출 수 없는 이유가 무엇인가요. 돈, 미래, 가족 등 자신이 처한 환경에 따라 다양한 이유가 있겠죠. 다 좋아요. 그러나 한 번씩 여유를 갖고 주위를 둘러보세요. 돈으로는 물건만 살 수 있는 게 아니에요. 문화도 사고, 감각도 사고, 패션도 사고, 트렌드나 경험도 살 수 있어요. 물론 저축도 중요하죠. 다만 우리는 현재를 살고 있는 것이지, 미래를 살고 있는 게 아니라는 사실을 기억하세요. 지금 건강하고, 지금 행복해야 미래도 꿈꿀 수 있는 법이니까요. 결국 우리는 '가치 있는 소비'를 통해 배우고 성장할 수 있어요. 낭비하는 것과는 천지 차이예요. 특히 요즘 20대를 보면 낭비벽이 참 심하다는 생각이 드는데요. 옷을 사도 몇 번 안 입고(한 번 입고 넣어놓을 옷을 왜 사는지), 핸드폰 바꾸는 주기는 또 왜 그렇게 짧은지…. 과일 하나라도 직접 골라보고, 과소비하지 않는 선에서 가끔은 큰맘 먹고 오매불망했던 좋은 코트도 한 벌 사보고, 그런 게 가치 있는 소비라고 저는 생각해요. 이게 곧 가치 있는 휴식이 되는 거고요.

　　악기 하나를 정해서 배운다든가, 취미로 뭔가를 수집해보는 것도 지친 생활에 많은 도움이 될 수 있어요. 상담받으러 오신 분들 가운데 돈이 생길 때마다 볼펜을 하나씩 모으는 분이 있었어요. 커피 한 잔도 안 되는 값으로 일주일에 하나, 보름에 하나, 꾸준히 사 모으는 거죠. 언젠가 저에게 자랑하듯 꺼내 보이는데, 그게 그렇게 보기 좋더라고요. 왜냐하면 그건 그냥 볼펜이 아니라 그 사람의 '역사'일 수도 있으니까요. 힘들 때마다 자신에게 보상 하나씩을 내려주는 기분은 어떨까요. 물질 이전에 그 사람의 낭만이 엿보이지 않나요? 정말 힘들면, 자신만의 방법으로 그렇게 쉬어 가요.

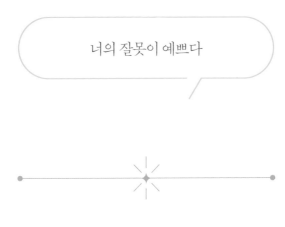

너의 잘못이 예쁘다

It's okay to have a dream that doesn't fly

우리는 늘 잘못하고, 늘 실수하고, 늘 넘어집니다. 때로 그 잘못을 반복하기도 하고요. 실수나 잘못에 대한 지나친 염려로 도전할 엄두조차 못 내는 청년들은 '불필요한 겁'을 내기도 하지요. 그런데요, 도전하고 노력하지 않으면 어떠한 실수도 경험할 수 없어요. 어쨌든 '실수'는 누구나 겪는 하나의 '과정'일 뿐이라는 거예요. 실수를 통해 성장하는 거라면 실수하지 않는 것보다 오히려 실수하는 편이 낫지 않겠어요? 물론 그 실수가 고의이거나, 지나치게 반복되어서는 안 되겠지요. 학교나 회사에서도 마찬가지예요. 같은 문제를 계속 틀린다거나, 같은 업무 앞에서 자꾸 헤맨다거나… 마치 그모든 미션들이 처음인 것처럼요. 그건 자신이 하고자 하는 의지가 없었기 때문이지, 결코 실수에 대한 '스트레스'나 '겁' 때문이 아니랍니다.

실수가 습관화되면 실수에 대한 우리의 반응 또한 둔감해지는데요. 실수를 실수로 인식하지 못하면 잘못된 방향으로 끊임없이 나아가게 돼요. 속도보다 중요한 게 방향이니 그만큼 위험한 것도 없죠. 그러니까, 실수해도 괜찮아요. 그것을 정확하게 인지하고 변화와 개선을 위해 조금이라도 노력한다면요. 아무런 노력도 하지 않고 개선의 의지가 없는데 어느 누가 그 실수를 예쁘게 봐주겠어요. 현명한 사람은 넘어졌을 때, 무언가를 주워서 일어난다는 걸 명심해요!

잘못해도 해맑게 웃는 아이의 모습이 보이시죠? 너무 자책하지 마세요. 웃는 거예요. 아이처럼요.

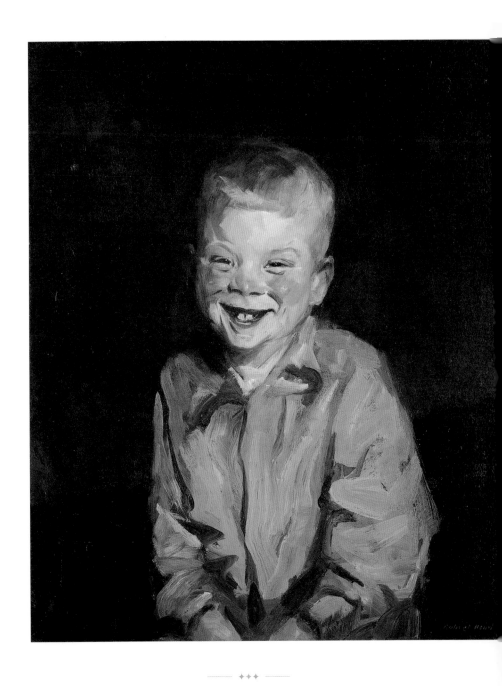

로버트 헨리, 1910, 〈웃는 아이〉, 캔버스에 유채, 61×50.8cm, 버밍엄 미술관

'인지 행동 치료'라는 말을 한 번쯤 들어본 적 있을 거예요. 내담자 혹은 환자가 환경을 지각하고 해석하며 반응할 수 있도록 돕는 치료인데요. 실수가 두렵고, 실수를 반복하는 게 특히 두렵고, 그래서 뭔가를 시작하기가 망설여진다면 '실수 일지'를 써보는 것도 좋은 방법이 될 수 있어요. 말하자면, 본인이 본인에게 인지 행동 치료를 하는 거죠.

'오늘은 이런 실수를 했고, 이 실수는 예전에도 했던 실수다. 돌이켜보면 그리 어려운 일은 아니었는데, 왜 나는 유독 이 실수를 반복하게 될까. 원인을 찾자. 원인을 찾아서 해결을 위해 노력하고, 그 과정에서 해답을 찾자.'

이 얼마나 근사한 고군분투인가요. 정확한 분석까지는 아니더라도 실수의 원인 정도는 알아야 그걸 자꾸 인식하게 돼요. 필요 이상으로 반복되는 실수를 줄일 수 있는 구체적인 방법이기도 하고요. 실수하는 게 두려워서 시작도 못 한다면 너무 억울하잖아요. 코이라는 비단잉어는 어항에서는 5cm~8cm밖에 자라지 않지만 수족관이나 연못에서는 15cm~20cm까지 자라고, 강에서는 1m가 넘게 자란다고 해요. 여기서 얻을 수 있는 교훈은 '환경이 중요하다'가 아니라 '환경은 중요하지 않다'예요. 강에서 1m 넘게 자랄 수 있다면 강이 아닌 곳에서도 1m 이상 자랄 수 있다는 건데, 결국 마음먹기 나름이라는 거죠. '환경'이라는 '두려움' 때문에 시도조차 안 하게 되면 결국 그 사람은 제자리일 수밖에 없어요. 자발적으로 성장을 멈추게 되는 거예요.

"화살 하나는 쉽게 부러져도, 화살 한 묶음은 쉽게 부러지지 않는다."

몽골 제국의 제1대 왕, '칭기즈 칸'이 했던 말이에요. 우리의 작은 실수는 우리를 힘들게 하지만, 그것들이 모여 하나의 축을 이루면 나중에는 그만큼 견고해질 수 있어요. 해보기도 전에, 부딪쳐보기 전에 지레 겁부터 먹는 건 자신을 너무 과소평가하는 것이니 그런 마음은 되도록 먹지 않는 게 좋아요. 실수한 만큼 성숙해지는 게 아니라 실수를 극복한 만큼 성숙해지는 법이니까요.

실패를 버티는
자세

It's okay to have a dream that doesn't fly

누구나 경험하는 '실패'는 청년기에 유독 그 횟수가 많아요. 새로운 걸 특히 많이 도전하기 때문일 텐데요. 수능 고득점에 실패하고, 장학금 획득에 실패하고, 취업에 실패하고, 첫사랑에 실패하고, 자격증 취득에 실패하고, 실패하고, 실패하고…. 위에서 말했잖아요. 실수한 만큼 성숙해지는 게 아니라 실수를 극복한 만큼 성숙해지는 법이라고. 그러나 실패가 자꾸 반복되다 보면 사람은 무기력해지기 마련이에요. 한계를 느껴버리는 거죠.

"또 실패… 포기하면, 편하다."
"적어도 내 방 안에서는, 실패할 일이 없지. 그게 무엇이든…."

'히키코모리'에 대한 뉴스나 기사를 접해 본 적 있을 거예요. 일본어

'히키코모루'의 명사형인 이 히키코모리는 사회에 적응하지 못하고 방에만 틀어박혀 사는 사람을 뜻하는데요. 이들은 사회와 철저하게 담을 쌓고, 자신만의 세계를 구축해 그 안에서만 살아간다는 공통점을 갖고 있어요. 급속도로 발전하는 사회와 사람들에 대한 열등감, 피해의식, 압박감, 특히 그간의 실패들이 쌓이고 쌓여 외부와의 단절을 선택하게 된 건데요. 밖에 나가서 고통스러운 '실패'를 다시 경험할 바엔 차라리 안전하게 칩거하겠다는 일종의 항변인 셈이죠. 이게 단순한 '시위성'이거나 '일시적' 성격을 띤다면 큰 문제가 없을 텐데, 대개는 그렇지가 않아요. 밤낮이 바뀐 생활은 기본에다가 같은 집에 사는 가족들조차 얼굴 보기가 힘들 정도니, 당사자나 주위 사람들이나 그 감정의 골이 깊어지는 건 매한가지일 테죠. 외부 환경이 거세면 거셀수록 사람은 움츠러들게 되어 있어요. 이솝 우화에 나오는 해와 바람의 이야기처럼요. 바람이 거세지면 거세질수록 나그네는 옷깃만 더 여밀 뿐이죠. 결국, 결정적인 계기가 하나 필요해요.

이를테면 증강현실 게임, '포켓몬 고' 같은 혁신적인 계기 말이죠. 2016년에 제작된 이 게임은 많은 히키코모리들을 집밖으로 끄집어냈습니다. 집 근처는 물론 다른 지역으로까지 몬스터를 잡겠다고 수많은 히키코모리들이 외출을 감행한 거예요. 게임에 접속하는 것은 곧 현실에 접속하는 것이었기에, 일본에서는 히키코모리 문제 해결에 포켓몬 고를 전적으로 활용했어요. 미국과 호주에서는 장기간 입원해 있던 아이들이 포켓몬 고를 만나고부터 병원 여기저기를 쏘다니며 햇빛을 받아 건강이 급속도로 호전되기도 했죠. 이즈음 학회 일 때문에 도쿄 우에노 공원에 잠시 들른 적이 있어요. 그런데 웬일인지 사람이 많아도 너무 많은 거예요. 다들 핸드폰 하나씩을 들고 말이죠. 뭐하는 거냐 물었더니 이 공원에 포켓몬이 출몰한다고, 그래서 다들 그걸 잡으러 돌아다닌다고…. 처음에는 말문이 막혔지만, 상황 파악을 하고 나니 모바일 게임 하나가 병든 사회를 치유할 수도 있겠다는 생각이 들더라고요. 방문 앞에 차려진 다 식은 밥상이 아닌, 식당에서 직접 주문해 맛보는 우동 한 그릇의 따뜻함을 그들도 느끼게 될 것 같았죠.

"오랜만에 본 하늘이라 더 파랗고 높구나."
"음, 내게도 친구가 있었지."

'포켓몬 고'는 어디까지나 한 예일 뿐이고, 상황에 맞는 자기만의 '계기'를 찾는 게 중요해요. 남들에게 별 의미 없는 일이, 자신에겐 큰 의미를 줄지도 모르거든요. 한 번씩 단절되어 보는 것도 좋은 경험일 수 있어요. 혼자만의 시간은 누구에게나 필요하니까요. 하지만 그게 너무 길어져 몸과 마음의 건강을 해칠 것 같으면, 즉시 멈추고 밖으로 나가야 해요.

굉장히 큰 나무예요. 밖도 광활하죠. '삶'이라는 나무에 '실패'라는 자신의 공간을 만들어 스스로 고립되지 마세요. 아무리 큰 나무라도 끝내 부러지고, 끝내 썩고 말 테니까요.

르네 마그리트, 1959, 〈피의 소리〉, 캔버스에 유채, 116×89cm, 개인 소장
© René Magritte / ADAGP, Paris － SACK, Seoul, 2023

사실 실패란 것은 아동, 청소년, 청년 구분할 것 없이 동일한 절망감을 안겨줍니다. 조금 덜 실패한 사람이 조금 더 실패한 사람을 격려해주는 것도 하나의 방법일 테지만, 다들 자신의 실패를 가장 감당하기 힘든 실패라 여기곤 하지요. 그렇게 은둔 생활이 길어지면 주변과의 관계는 물론 자신과의 관계 또한 나빠지게 됩니다. 이게 더 심해지면 '고독사'의 위험에도 노출되고 마는데요. 손바닥만 한 방에서 아무도 모르게 죽어갈 때의 그 쓸쓸함은 보통의 삶을 살아가는 사람들은 상상조차 할 수 없을 거예요. 밖으로 나오세요. 과자 한 봉지, 아이스크림 하나라도 나와서 사 먹으세요. 나오기 전에 최소한 거울 한 번은 보겠죠. 모자를 눌러쓴다고 해도 거울 한 번은 볼 거란 말이죠. 그러면 망각했던 자신의 존재를 눈으로 확인할 수 있게 돼요. 어때요, 간단하고 확실하죠? 자전거를 탈 줄 알아야 오토바이를 타고 자동차를 타듯이, 작은 거 하나부터 시작해야 나중에 비행기가 눈앞에 놓였을 때 비로소 하늘을 날 수 있는 거예요.

잦은 실패로 마음의 문과 방문을 동시에 닫은 사람들은 이거 하나는 꼭 알고 있었으면 좋겠어요. 여러분이 괴로워하고 힘들어하는 만큼 여러분의 주위 사람들, 특히 가족들이 똑같이 힘들어한다는 거….

"나는 세상과 단절될 자격 있어!"
"내가 틀어박혀 있는 이유는 실패야, 이해되지?"

어쩌면 이런 마음은 지나친 자기 합리화나 이기심으로부터 비롯되었을 수도 있어요. 쉽게 납득할 수 있는 일은 아니에요. 일을 안 하고 1달을 쉬면 그건 '휴식'이지만, 일을 안 하고 1년을 쉬면 '포기'가 돼요. 그때부터는 하고 싶은 일이 있어도 엄두가 나질 않아서 못하게 될 거예요. 실패를 만나서 잠시 절망하고 쉬어 가는 건 괜찮지만, 그게 너무 오래 지속되면 위험할 수 있다는 것 정도는 알고 있자고요. 그렇게 하루하루를 지내다 보면 아르바이트나 직장 갖는 것에 서서히 겁을 먹게 돼요. 새로운 환경, 새로운 사람 만나는 일도 막막해지고요. 제게 상담을 요청해 왔던 친구들 가운데서도 그런 모습을 보이는 친구들이 있었어요. 심지어 그중엔 이력서를 한 번도 안 내본 친구도 있었지요. 실패에 대한 두려움 때문에 시도 자체를 안 ⑨ 하는 거예요. '어차피 이력서에 쓸 말도 없고, 써봤자 떨어질 게 뻔하니까!' 이런 식으로 자신의 실패를 미리 점치는 지경에까지 이른 거죠. 그들에겐 확신이 있었어요.

'안 될 거라는 확신'

한 사람이 신에게 기도했습니다. 복권에 당첨되게 해달라고요. "신이시여, 제발 복권에 당첨되게 해주세요. 그러면 좋은 집에 살며 좋은 음식을 먹고, 좋은 미래를 꿈꿀 수 있을 것 같습니다." 그러자 신이 이렇게 말했습니다. "일단 복권부터 사고 말하거라." 그렇습니다. 복권에 당첨되기 위한 첫걸음은 복권을 구매하는 거예요. 사야 긁고, 긁어야 당첨 여부를 알 수 있으니까요. 자신이 가장 잘할 수 있는 게 무엇인지 찾고, 그것에 매진해 보세요. 우리는 우리가 잘하는 것을 할 때 빛나는 법이거든요. 그럴 때 특히 자신감이 생기고 자존감도 높아지죠. 못하는 걸 잘하려고 애쓰는 것도 경우에 따라 필요한 태도이긴 하지만 굳이, 굳이 그래야만 할 이유가 없다면 그러지 않기로 해요. 중요한 건 지속성이에요. 좋아하는 걸 잘할 때, 그리고 그것이 지속성을 가질 때 부수적인 것들은 결국 따라오게 되어 있어요. 그게 돈이든 사람이든 말이에요.

저 역시 셀 수 없이 많은 실패를 겪었어요. 삶의 갈림길에서 방황하고 헤매기 일쑤였고요. 그러나 하고자 하는 일을 끝까지 쥐고 갔을 때, 얻게 되는 게 많다는 것 또한 알게 되었지요. 전임 교수가 되어 첫 출근을 하던 날, 흰 가운을 다리시던 어머니의 표정을 아직 잊을 수가 없어요.

"우리 집에서도 이제 가운을 다리게 됐네. 거봐, 엄마가 너 될 거라 했잖아."

실패 앞에 좌절하고, 하늘만 멍하니 바라보고 있었다면 저는 결코 기회를 잡을 수 없었을 거예요. 이 '기회'라는 건요. 머리는 사자 갈기처럼 북실북실하고 꼬리는 미꾸라지처럼 미끌미끌해요. 그래서 눈앞에 있을 때 잡으면 꽉 움켜쥘 수 있지만, 지나간 뒤에 잡으면 손에서 쑥 빠져나가 버린답니다. 여러분은 기회의 '머리'와 '꼬리' 중 어느 부위를 잡으실 건가요?

조금 다르게 생각해보면 실패는 우리에게 좋은 스트레스를 주기도 해요. 적당한 긴장감을 주고, 나태해지려는 심신을 다잡을 수 있는 계기가 되기도 하지요. 그러니 삶에서 실패를 지나치게 배제하려 들지 마세요. 몸에 좋은 약은 쓴 법이니까요. 개미와 베짱이 얘기를 잠깐 해볼까요. '개미는 열심히 일해서 추운 겨울을 따뜻하게 날 수 있었고, 노래만 부르던 베짱이는 굶어 죽었다'가 우리가 흔히 아는 줄거리일 텐데, 이걸 한번 비틀어 볼게요. '개미는 열심히 일만 하다가 아픈 몸으로 겨울을 났고, 베짱이는 노래를 부르다가 음반을 내 큰돈을 벌었다' 열심히 일한 개미에게 아픈 몸을 부여한 건 좀 미안하게 됐지만 어쨌든 허구한 날 노래만 부르던 베짱이가 음반으로 대박을 터뜨렸으니, '자신의 재능을 믿고 한 가지에 몰두하면 성공할 수 있다'라는 교훈입니다. 몇 번 실패했다고 자신을 과소평가해서도 안 돼요. 유튜버들 보세요. 불과 10년 전까지만 해도 본인의 유튜브 채널에 본인이 촬영한 영상을 편집해 올리는 사람은 찾아보기 힘들었죠. 지금은 어떤가요. 그야말로 레드오션, 심지어 초등학생들도 유튜브판에 뛰어들잖아요.

이 그림은 미국의 작가, '아담 핸들러'의 작품인데요. 핸들러에게 작품 요청을 하면서 '실패'에 대한 얘기를 좀 나눠보았어요. 그는 실패의 불안에 시달릴 때마다 창작을 하며 시간을 보냈다고 해요. 자신이 좋아하는 일에 몰두하면서 불안감을 떨쳐버리는 거죠. '창작은 감정을 시각화하는 과정'이라 말하던 그의 반짝이는 눈빛이 오래 기억에 남을 것 같아요.

"너무 미래만 보고 달리지 마세요. 이 글을 쓰는 저도 현재를 살고, 이 글을 읽는 여러분도 현재를 살고 있으니까요. 눈을 뜨고, 주위를 둘러봐요!"

◆◆◆

아담 핸들러, 2021, 〈내 숨을 잃은 고스트〉, 종이 위에 오일스틱과 연필, 29×42cm, 개인 소장

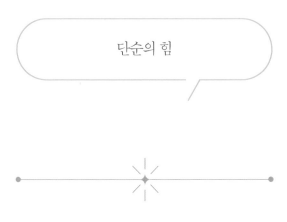

단순의 힘

It's okay to have a dream that doesn't fly

우리는 인간관계, 꿈, 진로, 독립, 취업, 스펙, 결혼, 내 집 마련, 차, 건강, 대출, 졸업, 승진 등 셀 수 없이 많은 생각과 매일같이 전쟁을 치르며 삽니다. 나열하고 보니 많기도 하네요. 생각의 과부하는 때로 위염이나 불면증 같은 질병을 유발하기도 하는데요. 이제부터는 조금 단순해질 필요가 있어요. 그렇게 해야만 하고요.

"생각하기에 아름다운 것이 인간이라면, 생각하기에 파멸하는 것도 인간이랍니다."

네덜란드의 화가 빈센트 반 고흐는 생전 전시회를 한 번도 열지 않았어요. '전시회를 열어 그림이 팔리고, 그림이 너무 많이 팔려서 유명해지면 이후에 내 삶이 얼마나 피곤해지겠느냐'가 그 이유였는데요. 생각이 너무 많고 복잡했다는 거예요. 살아 있을 때 팔린 그림이 단 한 점뿐이었다면, 그의 생각은 대체 어디에 머물러 있었던 걸까요. 그림이 많이 팔린다고 해서 무조건 좋은 건 아니지만, 그래도 물질적인 풍요로움이 있었다면 예술가로서의 삶이 조금이나마 윤택하지 않았을까 짐작해봅니다.

선택과 결정은 신중하되 명료한 게 좋습니다. 오래 고민하고 질질 끌어봐야 결과는 크게 달라지지 않아요. '장고 끝에 악수 난다'라는 속담처럼 어떤 문제에 사로잡혀 있다 보면 판단력을 잃게 되고, 때로는 무기력해지기도 한답니다. 하다못해 음식 메뉴나 옷을 고를 때도 우리는 필요 이상으로 고민하게 되는데, 거기에 너무 많은 에너지가 낭비된다는 거예요. 의학적으로 질병으로 분류되지는 않지만 '선택불가증후군'을 예로 들 수 있는데 우리가 흔히 '결정 장애'라고 하는 그것이에요. 자녀 교육을 할 때도 마음이 중심이 서지 않은 엄마들은 이 학원 보내고, 저 학원 보내고, 이거 시키고, 저거 시키고… 아이들을 혼란스럽게 만들죠.

'단순'이 가진 힘은 강하고 간결합니다. 저도 실은 이 글을 쓰면서 '내 마음을 독자들에게 어떻게 전할까', '이 그림들로 얼마나 많은 사람들의 마음을 움직일 수 있을까' 하는 걱정을 하고 있는데요. 이게 '누구나 충분히 할 수 있는 고민'으로 분류되려면 딱 이쯤에서 멈춰야 해요.

단순해지는 방법에는 몇 가지가 있는데 그중에서도 가장 활용하기 좋은 방법이 바로 '메모'예요. 메모는 그걸 기억하기 위함이 아니라, 잊기 위함일 텐데요. 기록해두고 잊는 거예요. 심플해지는 거죠. 저는 일주일에 한 번, 다이어리를 씁니다. 주간 일정을 적어 두고 당장은 그 계획에서 좀 멀어져 있으려고 해요. 닥치지도 않은 일 앞에서 미리 긴장할 필요는 없으니까요. 다이어리를 펼쳐 보면 어떤 주는 한 주간의 일정을 완벽하게 소화한 주도 있고, 또 어떤 주는 반 정도 혹은 그 이하일 때도 있어. 무슨 얘기냐면, 계획은 어디까지나 계획일 뿐이라는 거예요. 우선순위를 정해두고 무리하지 않는 선에서 해결해보자는 거지요. 계획을 세웠다고 해서 반드시 그것에 혈안이 돼서 물고 늘어질 필요도 없어요. 굳이, 얽매이지 말자고요.

생각이 너무 많아서 아무것도 못 해본 적 있나요? 세탁기도 돌려야 하고, 설거지도 해야 하고, 밥도 먹어야 하고, 헬스장도 가야 하고, 리포트도 써야 하고, 미용실도 가야 하고, 우체국에도 들러야 하는데… 라고 침대에 누워 생각하면서, 몇 시간이나 핸드폰만 만지작거리는 그런 경험이요. 너무 복잡해서 뭔가를 시작할 엄두 자체가 안 나는 거죠. 그 어느 때보다도 '단순의 힘'이 필요한 상황이에요! 이럴 땐 일의 순서를 정한 다음 하나씩, 하나씩 해결해 나가 보세요. 귀찮고 막막하게 느껴지는 일들이 하나씩 '완료'되는 즐거움을 느낄 수 있을 거예요. 이처럼 단순해지려면 얼마든 단순해질 수 있답니다.

고민하는 몸은 유리컵과 같이 불안합니다. 그러나 고민의 무게는 사실 구름처럼 가벼워요. 부피는 커 보일지 몰라도요. 가볍게, 비워내요!

르네 마그리트, 1960, 〈심금〉, 캔버스에 유채, 114×146cm, 개인 소장
© René Magritte / ADAGP, Paris – SACK, Seoul, 2023

우리는 일어나지도 않은(않을) 일에 대한 걱정을 꽤 자주, 꽤 많이 합니다. 일어나지 않을 일에 대한 걱정 40%, 일어난 일에 대한 걱정 30%, 하지 않아도 될 걱정 22%, 어찌할 수 없는 일에 대한 걱정 4%, 자력으로 해결할 수 있는 일에 대한 걱정 4%… 결국 우리가 걱정함으로써 해결되는 일은 극히 '미미하다'라고 볼 수 있어요. 요즘은 특히 '미니멀리스트'가 늘어나는 추세인데요. 이들은 '불필요한 물건과 일을 자발적'으로 줄여 본인이 가진 것에 만족하는 특징이 있죠. 소유물이 적으면 생활이 단순해지고, 나아가 마음과 생각이 정리되면서 오히려 더 풍요로운 삶을 살게 되지요. 자신만의 '소중한 것'에 집중하기도 수월하고요.

강의, 세미나 등 너무 바쁜 일정 탓에 잠을 줄여가며 일한 적이 있어요. 어느 날은 몸이 너무 무거워 침대에서 꼼짝도 못 하겠더라고요. 문득, 이렇게 내 몸을 혹사하면서까지 아등바등 살 필요가 있을까 하는 생각이 들어 천천히 주위를 둘러보기 시작했어요. 바닥은 난장판이고 책상은 어지럽혀져 있고….

'이게 다 뭐지, 복잡하고 정신없는 전쟁터 같은 세상에서 나만의 쉼터를 찾자.'

즐기면서 집중할 수 있는 게 뭐가 있을까 생각하다 선택한 게 바로 '꽃'이었어요. 베란다에 화분을 하나씩 놓고 작은 식물원처럼 꾸미기 시작했는데요. 그 공간을 가꾸고 감상하는 시간만큼은 누구에게도 구애받지 않고 온전히 '나만의 것'에 집중할 수 있게 된 거죠. 물론 일할 때는 또 일에 몰두

했지만, 나만의 쉼터가 있다는 것 자체만으로도 얼마나 큰 힘과 위로가 되었는지 몰라요. 아무것도 아닌 것 같은데 저에게는 되게 의미 있는 '휴식의 행위'가 또 하나 있었는데요. 다름 아닌 '목욕'이에요. 따뜻한 물로 천천히, 내가 정한 순서대로 몸을 씻는 거예요. 가능하다면 바디워시의 향을 바꿔가면서요. 사소한 변화가 힘든 일상에 새로운 활력소가 되어주기도 한답니다. 왜, 늘 맡던 향만 맡으면 일상이 권태로워질 수 있잖아요. 레몬, 자몽, 머스크… 좋은 향은 넘쳐나요. 몸을 씻는 그 순간만큼은 다른 여러 요소들로부터 해방되어 보는 거예요.

이런 사소하고 단순한, 큰돈이 들지 않는 자신만의 '무언가'를 발견하면 지금보다 훨씬 단순해질 수 있어요. 몸과 마음을 동시에 건강하게 만드는 가장 심플한 방법이 되겠죠. '멀티플레이어'가 적성에 맞는 사람은 그렇게 살아도 돼요. 그게 정서나 건강에 아무런 해를 끼치지 않는다면 고민할 필요도 없죠. 그런데 대부분의 사람들은 그렇지 않기에, '너무 많은 것'을 동시다발적으로 '너무 잘하려고' 애쓰지 않아도 된다고 말하고 싶어요. 비웠을 때의 산뜻함을 느껴보길 바라요.

Chapter 3

너라는
모두

너의 사춘기를
응원해!

#중학생 #중2병 #사춘기

It's okay to have a dream that doesn't fly

　'중2병'이라는 말이 생길 만큼 중학생 시기에 겪는 정서적인 변화는 어느 때보다도 큰데요. 방황과 반항, 신체적 변화, 일탈의 충동 등 이 시기를 우리는 흔히 질풍노도의 시기라고도 합니다. 아무래도 가장 답답한 사람은 본인일 거예요. 우선은 참아야 하는 것들이 너무 많은 데다가 더 이상 어린 애도, 그렇다고 성인도 아닌 애매한 포지션에 놓인 탓이겠지요. 환경과 성향에 따라 이 시기를 남들보다 유별나게 보내는 친구들이 있는가 하면, 조용히 넘기는 친구들도 있어요. 어쨌든 우리는 이 시기를 지혜롭게 잘 극복해내야만 합니다. 큰 이변이 없는 한 중학생 때의 모습이 고등학생의 모습이 될 테고, 고등학생 때의 모습이 대학생 혹은 사회인의 모습이 될 테니까요.

중학생들을 상담할 때는 특히 '유혹'에 대한 애기를 많이 해주는 편입니다. 합법과 불법에 대한 경계를 모호하게 여길 나이이기도 하고, 탈선을 일종의 유행이나 문화라고 착각하는 친구들이 적지 않기 때문이죠. 이 나이에 벌써 담배나 술은 기본이고, 질이 나쁜 친구들과 어울리며 학교폭력에 가담하고 때론 친구들로부터 금품을 갈취하기도 해요. 뉴스만 보더라도 범죄를 저지르는 학생들의 연령대가 점점 낮아지는 걸 알 수 있어요. 문제는 이러한 집단 행위를 '우정'이나 '의리'로 포장한다는 거예요. 최근 '촉법소년'에 관련된 여러 사건들이 사회적 이슈로 떠오르는 것도 범죄에 무방비로 노출된 아이들 때문인데요. 이런 친구들의 방황은 길어지면 길어질수록 좋지 않은 결과를 낳게 돼요. 보호 감찰 처분을 받거나, 소년원을 드나드는 경우도 종종 보았고요.

"어른들은 몰라요."

머리로는 알지만, 마음으로 이해할 수 없는 부분들도 역시 많겠죠. 부모님이 시키니까 하고, 선생님이 시키니까 하고…. 주체성의 억압은 탈선을 유도하기 마련입니다. 주입식 교육이나 지나치게 보수적인 사회의 풍조도 거기에 한몫하겠지요. 상황이 이렇다고 해서, 될 대로 되라는 식으로 자포자기하며 이 아까운 시기를 낭비하면 안 돼요. 우선은 이 시기가 가장 좋은 시기임을 알고(고등학생이 되면 자동으로 알게 됩니다) 해보고 싶은 것들, 해볼 수 있는 것들은 다 해보세요. 가슴에 손을 얹고 생각했을 때 '아, 이건 나쁜 행동이야'라는 생각이 든다면 그 행동은 나쁜 행동이 맞으니, 그런 것들만 좀 빼고요. 부모님 곁을 벗어나서 친구들끼리 가까운 곳으로 여행을 가봐도 좋고, 어설프게나마 요리를 해봐도 좋아요. 모든 게 어설픈 시기라 모든 게 용서가 돼요. 법에 저촉되는 일이 아니라면요!

한 소녀가 방 안에 홀로 앉아 있습니다. 어둡고, 쓸쓸해 보이기도 합니다. 그러나 이런 모든 인내의 시간이 여러분을 올바른 어른의 근처로 이끌어간다는 사실!

폴 버티 해빌런드, 1909, 〈창가에 앉은 소녀〉, 오토크롬, 21.5×16.4cm, 개인 소장

그러기 위해서는 우선 스스로 절제력을 길러야 해요. 뻔한 얘기지만 책을 늘 가까이 두고, 좋은 친구들을 많이 사귀세요. 그러면 어느 순간 '해야 하는 일'과 '하지 말아야 할 일'이 명확하게 구분이 될 거예요. 핸드폰만 들여다보지 말고요. 틱톡도 좋고, 인스타그램도 좋고, 유튜브도 좋아요. 거기서 얻게 되는 감각이나 정보가 유해하기만 한 것은 아니니까요. 그러나 마음의 양식을 쌓는 데는 책 만한 게 없어요. 특히나 요즘은 전자책도 잘 나오잖아요. 저는 여러분이 고전을 많이 읽었으면 좋겠어요. 오래된 것은 낡고 촌스럽다고 여기는 것 같은데, 천만의 말씀! 모든 삶의 지혜와 지식이 고전에 다 들어 있어요. 오랫동안 많은 사람에게 널리 읽힌 데는 다 이유가 있는 법이랍니다.

"요즘 틱톡 계정 하나씩은 다 갖고 있죠."
"롤(LOL) 모르면 대화 자체를 못 해요."

이런 플랫폼을 취미나 여가 정도로 즐기는 건 백번이고 찬성해요. 유행에 특히 민감할 나이고, 무리에 섞이고 싶은 본능이 누구에게나 있으니까요. 그 선을 지킬 수 있는 절제력만 있다면 말이죠. 하지만 대부분은 그렇지 않잖아요. 하나에 매몰되면 그것에서 빠져나오는 데까지 꽤 오랜 시간이 걸리죠. 결국 우리는 보다 '건강한' 취미를 갖기 위해 힘써야 해요. 이 취미라는 것은 당장은 아무것도 아닌 것 같지만 여러분의 '정서'와 직결됩니다. 정서가 뭔가요. 여러분 마음에 일어나는 여러 가지 감정들이잖아요. 그것은 기분이나 분위기로 바꿔 말할 수 있고, 그렇게 기분이 삶을 지탱한다면 여러분은 어떤 기분을 가진 채로 삶을 살아가고 싶나요. 우울한 기분,

롤러코스터처럼 올라갔다 내려왔다 하는 기분, 불안하고 초조한 기분….
다 아니에요. 좋은 기분과 감각을 유지하려면 지금부터 좋은 에너지를 만
들어낼 수 있는 취미를 가져야 해요. 이건 어디에 좀 적어놓으세요. 사진을
찍어도 좋고요.

· 고전 찾아 읽기

· 물고기 키우기(구피, 베타 등)

· 악기 하나 골라서 최소한 6개월은 배우기

· 전시회, 박람회 굳이 찾아가기

· 짧은 시나 격언 필사하기

· 쓸데없는 앱 다운받지 않기

· 레시피 보고 음식 만들기

· 만 원 미만, 한 달에 한 번 나에게 선물 주기

· 각종 공모전 참여하기

친구들과의 관계에 대해 조금 더 면밀하게 들어가 볼까요. 가령 잘나가는 친구가 전자담배를 권해요. "이거 과일 맛인데 한번 해볼래?" 여러분은 순간 고민하게 될 거예요.

첫째, 이 친구와 어울리고 싶다. 둘째, 담배는 해롭지만 이건 그저 과일 맛이 나는 전자담배다. 거절할 이유가 없다고 생각되는 한편, '아, 이래도 되나…' 싶을 거예요. 이때 필요한 게 바로 '용기'예요. 자신만의 원칙이 확실하다면 거절하는 데 어려움이 없겠지만, 그게 아니고서는 매우 고민스러울 거란 말이죠. 자신을 보살피는 일에 용기를 좀 내봐요, 우리.

제가 어릴 때는요. 소풍을 가잖아요. 그럼 두 부류로 나뉘어요. 김밥을 싸 온 애들과 김밥을 못 싸 온 애들. 여기서 또 두 부류로 나뉘어요. 못 싸 왔으니 좀 같이 먹자고 말하는 애들과 그냥 굶는 애들. 같이 좀 먹자고 하던 애들이 어쩜 그리 씩씩하고 대단해 보였는지….

그 말은 들은 아이들은 오히려 좋아하며 기꺼이 도시락통을 둘 사이에 놓곤 했어요. 누군가에겐 아무것도 아닌, 정중한 '용기'가 그때도 존재했던 것 같아요. 첫 단추를 잘 꿰야 한다는 말이 있죠. 그만큼 시작이 중요해요. '중학생'은 아이의 모습을 벗은 아이가, 어른에 가까워지기 위해 내딛는 첫 걸음이라고 생각해요.

때로는 공부와 진로 탐색, 교내 활동 같은 것들이 의미 없고 촌스럽게 느껴질 수도 있을 겁니다. 친구들이랑 어울려 노는 게 당장은 더 행복하기 때문이죠. 그러나 '학생다움'이 우선시되지 않는 이상 그 미래는 결코 순조롭지 못할 거예요. 다시 말해, 세상에 대한 어느 정도의 '겁'을 가지라는 거예요. 불필요한 겁을 먹을 필요는 없지만, 그렇다고 세상을 너무 만만하게 봐서는 안 된다는 거죠. 유비무환, 준비된 사람은 두려울 게 없답니다.

엄마가 빵을 뜯고 있어요. 엄마가 빵을 뜯어주거나 말거나 새침데기 딸은 별 관심이 없죠. 반항과 방황이 오래가지 않길 바라요. 그 첫걸음을 이 그림과 함께 해요!

프랑수아 바로, 1933, 〈재단사의 수프〉, 캔버스에 유채, 27.4×26.1cm, 개인 소장

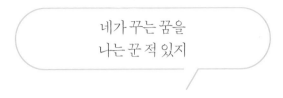

네가 꾸는 꿈을
나는 꾼 적 있지

#고등학생 #수험생 #재수생

It's okay to have a dream that doesn't fly

성인이 되어가며 정체성을 깨닫는 시기가 이즈음일 것입니다. 아직, 그리고 여전히 어리고요. 입시와 전공, 꿈과 진로 등으로 머리가 아프다 못해 펑! 하고 터져버릴 것 같죠. 가장 큰 변화라고 한다면 '대학 입시'라는 높은 문턱에 서게 된다는 사실일 텐데요. 여러분의 미래가 어떤 형태이든, 빛을 머금고 있을 거라 저는 확신해요.

이제, 사춘기 티를 좀 벗었나요? 2019년 4월, 정부가 고등학교 무상교육을 시행하면서 사실상 의무교육의 최종 단계가 되었다고도 볼 수 있겠습니다. 그러니까 어느 정도는 강압적이다, 정해진 틀을 '크게' 벗어날 수는 없다, 정도로 여기면 마음이 편할 것 같아요. 이 시기는 외모에 한창 관심을 많이 가질 시기이기도 하고, 대입 등 경쟁의 치열함을 맛보게 되는 시기이기도 해요. 중학교 때만큼 자유롭지도 않아서 겪게 되는 '혼란'은 덤이고요. 이 혼란을 헤쳐 나가려면 '꿈'에 대한 어느 정도의 확신이 필요해요. 하고 싶은 것, 되고 싶은 것의 윤곽이 희미하게나마 보여야 한다는 거죠. 그게 아니라면 혼란을 넘어 공황 상태에 빠져 버릴지도 몰라요.

대학도 물론 중요해요. 갈 수 있으면 가는 게 나중을 위해 좋을 수도 있어요. 단, 원하는 학교와 원하는 학과인가에 대한 물음에 망설임 없이 'Yes'라는 대답이 나온다는 가정하에서만 말이죠. '우리나라에서 먹고 살려면 적어도 대학은 나와야 한다' 그런 말 많이 들어보았을 거예요. 틀린 말은 아니지만 요즘 같아서는 꼭 들어맞는 얘기도 아니에요. 우리 세대 때는 대학을 가거나 기술을 배워 취직하거나, 둘 중 하나였어요. 선택지가 그리 많지 않았죠. 여러분이 직접 체험하고 있다시피 지금은 세상이 많이 바뀌었어요. 스스로 도전해볼 수 있는 일들이 넘쳐나고, 마음만 먹으면 뭐든 꿈꿀 수 있죠. 요컨대, 이럴 때일수록 자신의 재능을 들여다볼 수 있어야 해요. 한 분야에 뛰어난 재능을 가졌음에도 '제도'에 의해 그 재능이 가려진다거나, 꿈을 펼칠 기회조차 얻지 못한다면 그보다 억울한 일이 어디 있겠어요.

"문학이 좋지만, 컴퓨터 공학과를 갈 거야. 나중에 밥은 굶기 싫거든."
"대학? 가서 뭐 해. 일찍이 돈이나 왕창 벌지."

내가 원하는 걸 좇느냐, 원하지 않더라도 사회적인 시선이나 성공을 위해 다른 걸 좇느냐… 예나 지금이나 이 끝없는 딜레마는 우리를 현실의 가장자리로 몰아세우곤 합니다. 정답은 없어요. 누가 제시해줄 수 있는 것도 아니고요. 그저 마음이 가리키는 방향을 따라 최선을 다해 걸으면 그뿐인 거예요. 그 상황 안에서 얼마나 지혜로운 선택을 하느냐, 얼마나 후회 없는 길을 택하느냐, 이게 관건이죠. 다시 말해 과거에 '필수 코스'라는 것이 있었다면 지금은 그런 것들이 많이 '생략되고, 동시에 다채로워졌다'라고도 볼 수 있겠어요.

고등학생 때 임신한 친구들을 상담하다 보면요. 특히 요즘 아이들이 제대로 된 보살핌이나 도움을 받지 못해 잘못된 선택을 하게 되는 경우가 많다는 걸 느끼게 돼요. 인터넷에 떠도는 괴상한 정보들 때문에 아이들의 삶이 망가지고 있다는 거예요. 선택의 폭이 넓어진 만큼 그만큼의 교육 인프라 또한 구축되어야 마땅한데 현실은 그렇지 못한 경우가 많아요. 결국 자신이 지혜롭고, 자신이 현명해야 살아남을 수 있습니다. 모두가 가는 길을 택하지 않았다면, 그에 따른 결과에 대응할 준비가 충분히 되어 있어야 해요!

이름만 들어도 마음이 뭉클해지는 작가, '콰야' 님의 작품을 좀 보여드리고 싶은데요. 남과 비교하지 않고, 자신의 삶에서 자신이 좋아하는 것들을 꾸준히 발견하는 것이 곧 '행복'이라 말하며 이 그림을 보내주셨어요. '행복에 있어 절대적 기준은 없다'는 얘기도 덧붙였고요. 세상의 기준이 아닌 자신만의 기준 안에서, 자신만의 결실을 맺어보는 건 어떨까요.

싹이 돋아나고 있군요. 언제, 얼마큼, 또 무엇이 열릴지 아무도 몰라요. 다만 열심히 가꾸다 보면 우리가 생각했던 것보다 훨씬 근사한 '무언가'를 올려다보게 될 거예요!

피겨 스케이팅의 김연아 선수나 축구의 손흥민 선수가, 사회 시스템 안에서 남들과 같은 '코스'를 밟았다면 과연 지금의 위치에 오를 수 있었을까요. 자신의 재능을 알고, 피나는 노력을 하고, 꾸준히 정진하고 도약한다면 우리는 정해진 길이 아닌 곳에서도 우리의 존재를 나타낼 수 있어요. 여기에는 중요한 포인트가 하나 있는데요. 바로 구체적인 '조력자'를 만나는 거예요. 그 조력자는 부모님이나 선생님, 혹은 지도자가 될 수도 있고 여러 기관의 멘토들이 될 수도 있어요. 그들로부터 재정적인 지원과 환경 등을 제공받는 거죠. 우리는 아직 우리의 힘만으로는 할 수 없는 것들이 너무나 많으니까요. 자신이 처한 상황이나 형편에 맞게, 주위의 도움을 적절히 받아야 꿈에 좀 더 수월하게 접근할 수 있답니다. 우리가 30대고 40대면 혼자 해나갈 수 있는 것들이 좀 더 많겠지만 우린 아직 너무 어리고, 또 너무 여리잖아요. 더는 방황하지 말고, 더는 혼란스러워하지 말고, 우리가 할 수 있는 최대치를 해보아요!

꽈야, 2022, 〈밤산책을 하다가〉, 캔버스에 유채, 162×130cm, 개인 소장

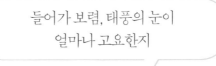

들어가 보렴, 태풍의 눈이
얼마나 고요한지

#대학생 #새내기 #갓스물

It's okay to have a dream that doesn't fly

대학교 입학 혹은 취업, 독립, 이성 교제, 학점, 영어시험, 군대, 아르바이트, 봉사활동, 자격증, 동아리, 스펙 쌓기 등 이제 갓 대학생 혹은 성인이 된 친구들의 삶은 태풍 속에 놓인 듯 혼란스럽기만 할 거예요. 처음으로 맛본 '인생의 쓴맛' 앞에 많이들 좌절하고 넘어지기도 하겠지요. 이런 생각을 한 번쯤 해봤을 거라 생각해요.

"부모님은 대체 이 지독한 세상에서 어떻게 살아남았을까?"

그저 신기하고 존경스럽기만 한데요. 여러분과 처한 환경만 다를 뿐, 힘든 상황의 연속인 건 별반 다르지 않았을 거예요. 부모님이나 다른 어른들도 '스무 살'이 처음이었을 테니까요. 대학생이 처음이었을 테고, 사회에 첫발을 내딛는 순간 역시 처음 느껴봤을 테니까요. 고등학교를 졸업하면 끝일 줄 알았는데, 모든 게 초기화되어 처음부터 다시 시작하는 막연하고 두려운 기분을 그들도 똑같이 느꼈을 거란 얘기죠. 여기서 저는 요즘 세대가 가진 공통적인 나약함을 조금은 꼬집고 싶어요. 너무 '쉬운 시작'과 너무 '쉬운 포기'…. 하기 싫은 걸 억지로 하라는 얘기는 아니지만, 무슨 일을 하든 신중하라는 말을 꼭 하고 싶어요. 그러면 적어도 쉽게 싫증 나거나 쉽게 포기하는 상황이 생기지는 않을 거예요. 이거 잠깐 건드렸다가, 저거 잠깐 건드리고, 이거 잠깐 배워 봤다가 재미없으면 얼른 다른 거 배우고… 포기에도 기준이 있다면 이런 포기는 결코 올바른 포기가 될 수 없어요.

이건 어디까지나 삶의 태도에 관한 문제인데요. 여러분은 지금 당장 태풍 속에 있다고 느낄 테지만, 조금만 진취적으로 삶을 대하면 태풍의 눈으로 들어갈 수 있어요. 물론 태풍의 눈까지 걸어가는 게 조금은 막막할 수도 있어요. 그러나 그 성취감을 맛보는 순간, 여러분은 한층 성장한 자신의 모습을 발견할 수 있을 거예요. 이게 왜 중요할까요? 젊은 날의 이런 경험들이 30대를 결정짓고, 40대, 50대를 결정짓기 때문이지요.

존 윌리엄 워터하우스, 1916, 〈미란다〉, 캔버스에 유채, 138×110cm, 개인 소장

몰아치는 태풍에 배가 좌초되고 있어요. 마음이 고요하다면 이런 상황에서도 의연할 수 있겠지요. 태풍은 모든 것을 앗아갈 듯 매섭지만, 태풍의 눈은 모든 것을 내어줄 것처럼 평온하답니다.

꿀에 대한 얘기를 잠깐 할까요. 꿀은 썩지 않는 대표적인 음식인데요. 높은 당도에 의한 '삼투 현상'이 미생물의 번식을 막기 때문이죠. 결국 우리는 썩지 않는 우리만의 '꿀'을 개발해야 해요. 그게 기술이든 능력이든 상관없어요. 단순한 취미로서의 무언가가 아닌 실전, 실생활에 오래도록 사용될 전문성 있는 자신만의 능력을 키워야 한다는 거예요. 그 어떤 미생물(고난과 역경)이 접근해도 끄떡없는 고귀한 '꿀'을 말이죠. 일시적인 건 말 그대로 잠깐 머물다 가는 것들이기에 크게 중요하지 않을 수도 있어요. 순간의 '쾌락'이나 '해방감' 같은 것들이 자신을 상하게 할 수 있다는 걸 잊어선 안 돼요!

'사회가 요구하는 성인의 모습이 되어라!'라고 말하지는 않겠어요. 그래서도 안 되고요. 다만 자신이 해야 할 일들을 바로 알고, 청소년의 치기 어린 마음을 가능한 한 덜어내자는 겁니다. 갓 성인이 된 친구들은 자리에 앉기 무섭게 약속이라도 한 것처럼 신세 한탄을 늘어놓곤 해요. 군대 안 가는 방법이 없냐는 둥, 학점 쉽게 따는 방법이 없냐는 둥, 사실 그런 것들은 고민이 아니라 태도의 문제거든요. 삶을 대하는 방식의 문제인 거죠. 고민이 있어서 찾아온 애들을 나무랄 수도 없는 노릇이고… 독려하며 돌려보내는데 그런 친구들이 올 때마다 마음이 참 쓸쓸해요. 태풍을 만나야 태풍의 눈으로 들어가는데, 태풍을 만나기도 전에 빠져나갈 궁리를 하고 있으니 말이죠.

"집이 날아다니고, 가축이 날아다녀도, 그 중심에 서면 무서울 만큼 고요하고 푸른 하늘을 볼 수 있지요."

여러분에게 부탁 하나 하자면, 이왕 하는 거 즐기면서 하세요. 그리고 하나 더. 아프니까 청춘이라고 하는데, 아프면 병원에 가세요. 상담받고, 치료받으세요. 미련하게 참지 말고요. 여러분의 건강이 여러분의 꿈보다 우선이니까요.

대학생이 되고, 성인이 되면 모든 게 해결될 것 같지만 사실 그 이전보다 훨씬 높은 삶의 벽들이 여러분을 가로막을 거예요. 그래도 중심을 잘 잡을 수 있겠죠?

뤼시앙 르비 뒤르메, 1897, 〈메두사〉, 숯과 파스텔, 59×40cm, 오르세 미술관

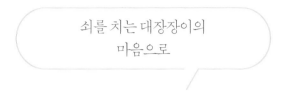

쇠를 치는 대장장이의
마음으로

#군인 #국방의의무 #충성

It's okay to have a dream that doesn't fly

특별한 경우를 제외하면 대한민국 남자 대부분은 군대를 다녀와야 하고, 그 군인들 덕에 우리가 마음 편히 발 뻗고 잠들 수 있습니다. 그러나 물리적 폭력 수단을 합법적으로 사용할 수 있는 만큼 그 안에서는 여전히 자살이나 살인, 구타, 부조리 등의 크고 작은 사건 사고가 터지고 있는데요. 문제는 그것이 사람의 성향에 따라 여러 형태의 질병으로 나타나기도 한다는 거예요. 심한 경우 제대 후 평생 그 트라우마를 안고 살아가기도 하지요. 저는 이 책을 집필하면서 특별히 군인들을 위로, 격려하고 싶었습니다 (마침 제가 국군수도병원 자문 교수이기도 하고요).

저는 연평도 포격 사건부터 총기 난사 사건 등 많은 군인들의 치료를 담당했습니다. 자살이나 관심 병사 관련 상담도 빼놓을 수 없고요. 우리가 어릴 때야 '국군 아저씨', '군인 아저씨'라 불렀지만, 생각해보세요. 이제 갓 성인이 된, 그러니까 얼마 전까지 고등학생 신분이었던 아이들인 거예요. 더구나 제자들이 매년 '교수님, 군대 다녀오겠습니다'라고 인사해온다면 제 기분이 어떨까요. '저 어린 것이 얼마나 고생할까…' 하며 마음을 쓸어내리게 되지요.

군대는 아주 특수한 공간이에요. 기본적으로 자유롭지 못한 데다가 상명하복의 질서 또한 엄격하죠. 지휘 체계에서 오는 스트레스가 요즘 젊은 세대들이 감당하기에는 아무래도 벅찰 거예요. 처우와 복지가 좋아지고, 생활이 편해졌다고 해도 군대는 군대니까요.

건장한 청년들이 함께 일하고 있습니다. 당장은 지겹고 힘들지 몰라도, 완료 후의 성취감은 그 무엇과도 바꿀 수 없는 '결실'이 되어 앞날을 밝게 비출 거예요.

구스타브 카유보트, 1875, 〈마루 깎는 사람들〉, 캔버스에 유채, 102×146.5cm, 오르세 미술관

"저, 죽고 싶습니다."

"복귀해도 군 생활을 이어나가기 힘들 거예요."

상처투성이인 이들에게 필요한 건 그리 특별한 게 아니에요. '애걔, 겨우 저런 걸로 치료가 돼?'라고 물을 수도 있을 만큼 사소한 건데요. 첫 번째는 마음을 열고 상담해주는 거예요. 아픔과 고민을 들어주는 거죠. 처음에는 쉽게 마음을 털어놓지 못할 거예요. 이 방법만으로는 원활한 상담이 어렵기에 여러 가지 방법을 동원하는 것이 효과적입니다.

그 가운데 하나가 바로 음식인데요. 끼니때마다 '맛있는 음식'을 제공하는 거예요. 죽고 싶다던 병사들이 맛있는 음식을 꾸준히 접하고 난 후로 살아야겠다는 의욕과 함께 표정이 밝아지기 시작했어요. 음식이 음식 이상의 가치가 있다는 걸 그때 느꼈죠. 이후부터 '음식에 관해서는 규제하지 말아 달라'는 저만의 치료 조건을 내걸기도 했어요.

'따듯한 물로 목욕'하는 것도 빼놓을 수 없죠. 안정감을 느낄 수 있는 공간에서요. 안도감을 심어주는 가장 단순하면서도 확실한 방법이죠. 목욕은 수면에도 도움을 주고, 스트레스와 피로 해소에도 탁월한 효능이 있어요. 몸과 마음이 지칠 대로 지친 군인에겐 목욕만큼 따뜻하고 평온한 순간도 없지요.

마지막은 그저 '이름 부르기'. '김 아무개, 박 아무개, 최 아무개' 등으로 말이에요. 특수부대에서 낙하산 훈련 중 사고를 당해 트라우마를 겪는 군인들을 상담하는 시간을 가진 적 있어요. 죽음에 대한 공포 때문에 이 이상의 훈련을 할 수 없게 된 건데, 업무 수행 능력 상실에 따른 박탈감이 어떨지 상상조차 안 되더라고요. 훈련받는 게 직업인 이들이기에 더욱 마음이 쓰였죠. 그들을 치료하는 방법 가운데 하나가 '이름 부르기'였는데,

"상사와 동기들이 제 이름을 불러줄 때면, 부정당한 것 같던 제 존재가 희미하게나마 드러나는 느낌을 받아요…."

그렇게 말하는데 뭔가 뿌듯하면서 이름을 불러준 다른 많은 동료들에게 고맙더라고요. 군대라는 특수성이 만들어낸 가장 고귀한 치유가 아니었나 싶어요.

이처럼 군대에서 트라우마를 갖게 되는 경우도 있지만, 사회에서 겪은 트라우마가 군대 안에서 재발하는 경우도 의외로 많아요. 있는 듯 없는 듯 갖고 있던 트라우마가, 자유가 박탈된 곳에서 폭발해버리는 거죠. 휴화산이 활화산이 되는 것처럼요. 억누르고 있던 사회에서의 감정들이 순간적으로 표출된다는 거예요. 자신도 몰랐던 자신의 모습에 당황하지 말고, 그럴 때는 상급자에게 상담을 요청하거나, 의무실이나 국군병원 등에서 트라우마 관련 치료를 받는 것이 가장 좋아요.

구제역 살처분에 동원된 군인들을 대상으로 상담을 진행하기도 했는데요. 가축을 살처분하는 과정에서 느낀 죄책감, 불안 및 우울감이 트라우마로 이어져 고통을 호소하는 군인들이 한둘이 아니었어요. 이런 증상은

시간이 지나면서 자연스럽게 완화되기도 하지만 치료를 제때 받지 않으면 증상이 지속되거나 악화할 우려가 있어요. 그래서 시의적절한 치료가 가장 중요하다고 볼 수 있겠어요.

우리나라가 모병제가 아닌 징병제인 이상 이런 사건 사고는 끊임없이 이어질 거라 생각돼요. 그야말로 불의의 '사고'는 언제 어디서 일어날지 모르고 누구를 탓할 수도 없기에, 본인이 사고를 최대한 예방하고 안전한 생활을 영위하도록 힘써야 해요. 말년에는 떨어지는 낙엽도 조심하라고 했지요. 사실 이 '오래된 문장'은 말년이든 신병이든, 모든 군인에게 해당하는 말일 거예요. 예전보다 복무기간이 많이 단축되긴 했으나, 당사자에겐 여전히 길고 험난한 시간임이 틀림없어요. 그 시간 속에서 얻게 되는 것 중 가장 값진 걸 꼽으라면 '소중함 깨닫기'가 아닐까 싶은데요. 가족과 친구, 사소한 기억과 사물들까지… 왜, 그런 깨달음은 억만금을 줘도 살 수 없잖아요.

2년이라는 시간이 아깝다면 아까울 수 있지만, 돌아보면 '얻은 게 훨씬 많구나'라고 말할 수 있을 거예요. 근무, 작업, 훈련, 내무 생활… 고되고 힘들어도 조금만 참고 이겨내면 사회에 나왔을 때 한층 성장한 자신을 보게 되리라 확신해요.

씨를 뿌리는 시간이 있다면, 수확하는 시간도 반드시 있어요. 당장은 힘들고 피곤할지 몰라도 성취의 기쁨을 누리는 순간, 괴롭던 모든 기억이 씻은 듯 날아갈 거예요.

모쪼록 여러분이 이 그림들을 통해서 치유를 받고, 힘을 얻었으면 좋겠어요. 여러분이 있기에 우리가 있다는 걸 잊지 말아요. 그리고 고마워요!

빈센트 반 고흐, 1888, 〈해질녘의 씨 뿌리는 사람〉, 캔버스에 유채, 64×80.5cm, 오테를로 크륄러뮐러 미술관

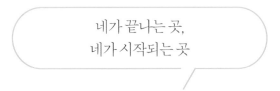

네가 끝나는 곳,
네가 시작되는 곳

#사회초년생 #취준생 #반오십

It's okay to have a dream that doesn't fly

월세, 학자금 대출, 생활비, 직장생활, 취업난 등 각종 삶의 문제로 사회에 내던져진 사회초년생들이 많습니다. 도움의 손길이 필요한데 손을 뻗을 곳도, 손을 내밀어줄 곳도 없어 다람쥐 쳇바퀴 돌듯 제자리걸음을 하고 있죠. 아무래도 경제적인 부분이 가장 힘들 텐데요. 그 문제점들과 해결 방안을 좀 구체적으로 살펴보겠습니다.

경제는 점점 어려워지고, 물가는 계속 오르고… 청년들의 설 자리가 점점 더 줄어들고 있는 게 사회의 현주소입니다. 실업률이 높아짐에 따라 이직률도 높아지고 있는데요. 권위적인 분위기와 개인 희생을 강요하는 조직

문화에 익숙지 않고, 복지나 '워라밸(워크 앤 라이프 밸런스)'을 중시하는 등의 이유로 기성세대와 마찰을 빚기도 하지요.

'취포세대(취업을 포기한 세대)'나 '조용한 사직(직장을 그만두지는 않지만 정해진 시간과 업무 범위 내에서만 일하는 노동 방식)' 등의 신조어도 왠지 낯설게 느껴지지 않아요. '조용한 사직'은 언뜻 보기에는 애사심 없고 열정이 고갈된 현대 청년들의 모습을 말하는 것 같지만, 고용 안정성이 사라져가는 구조 속에서 어떻게든 살아남아 안정된 미래를 도모하려는 청년들의 또 다른 모습일 수도 있겠어요.

학교만 졸업하면 취업이 보장되고, 미래에 대한 희망을 품는 게 가능했던 시절이 분명 있었어요. 그러나 지금은 상황이 많이 바뀌었죠. 경제 불황이 장기화되고, 인플레이션 등의 현상을 피부로 느끼면서 삶의 방향성을 잃어버린 거예요.

각자가 추구하는 가치가 다르고, 개성과 인격이 존중받는 세대인 만큼 그들의 삶에 독립적인 색채가 짙기도 한데요. 문제는 이 '독립'이 '고립'의 형태로 변모하고 있다는 거예요. 이렇게 되면 정서적 기능에 문제가 생기고, 불안과 우울이 깊어지는 현상이 나타납니다. 사회인이기에 손을 벌리기도 그렇고, 그렇다고 안정된 직장과 좋은 미래를 예비하고 있는 것도 아니고… 진퇴양난의 길로 들어선 느낌도 들 거예요.

일이 적성에 맞지 않고 회사의 처우나 직장 동료들과의 관계가 좋지 않은 경우, 이직을 꿈꾸는 게 당연하겠지요. 그러나 여기서 중요한 건, 포기하지 않고 자신의 '실력'을 기르는 겁니다. 그게 무엇이든요. 저는 여러분이 무모한 사람이 되길 원치 않아요. 빈손으로 전쟁터에 서길 원치 않는다는 거예요. 사회가 아름답기만 하다고는 결코 얘기 못 하겠어요. 어차피 힘든 곳이니 어느 정도의 각오가 꼭 필요하고, 자신이 내세울 수 있는 '실력'의 겸비가 무엇보다 중요합니다. 그래야 싸워서 이길 수 있지요!

하루 일과를 마치고, 그 결실들을 머리에 이고 옵니다. 해는 뉘엿뉘엿 떨어지고요. 노력이 없다면 '쉼'도 큰 의미를 갖지 못해요. 보람을 찾는 그 모든 작업은 우리를 건강하게 만든답니다.

— ✦✦✦ —

쥘 브르통, 1887, 〈귀갓길, 일과를 마치고〉, 캔버스에 유채, 84×120cm, 브루클린 미술관

어느 일본 작가의 수필집에서 읽은 내용을 좀 나누고 싶은데요. 탄광촌에서 일하는 한 광부가 있었어요. 누가 봐도 비루한 형태의 삶이었죠. 가족이나 이렇다 할 친구도 없었어요. 매일같이 석탄가루를 뒤집어쓰는 탓에 손톱 밑이며 이마 주름에는 늘 까맣게 그을음이 끼기 일쑤였지요. 하지만 그런 그에게도 '그만의 행복'이 있었는데요. 누구도 앗아갈 수 없을 만큼 소중한 행복이었죠. 그의 행복을 소리 내어 천천히 읽어볼게요.

① 퇴근길에 마트에 들러 '할인하는 초밥'을 산다.
② 집에 도착 후 '몸을 깨끗이' 씻는다(이게 가장 중요해요).
③ '부드러운 잠옷'으로 갈아입는다.
④ TV를 틀고 '좋아하는 사케' 한 병을 딴다.
⑤ 사케와 초밥을 먹으며 TV를 본다.
⑥ 두툼한 솜이불을 덮고 푹 잔다.

이게 다예요. 그가 말하는 행복의 전부입니다. 새카만 석탄가루를 씻어내는 일이, 몸을 다시 희게 하는 일이, 그에겐 더할 나위 없는 행복이라는 거죠. 저는 이것이 진정한 의미로서의 '낭만'이라고 생각해요. 누구도 방해할 수 없고, 누구도 참견할 수 없는 일상에서의 낭만 말이에요.

《죽음의 수용소에서》를 읽어보신 분이 있다면 결이 비슷하다고 느낄수도 있을 것 같아요. 빅터 프랭클은 수용소의 열악한 환경 속에서도 존엄을 지켜냈어요. 하루 한 컵 배급되는 물을 가지고, 반은 목을 축이고 나머지 반으로는 세수와 면도를 한 거예요. 인간의 존엄과 숭고한 낭만을 엿볼 수 있는 대목이지요. 결국, 그의 단정한 모습이 '가스실'이라는 화를 면하게 해주었고요. 이렇듯 고난과 역경 속에서도 자신만의 낭만을 찾고, 그 시간을 가치 있게 즐긴다면 어떤 고난이든 지혜롭게 잘 극복해나갈 수 있어요.

경제적 어려움과 불투명한 미래 때문에 잠이 오지 않는다면, 자신이 '해서 되는 것'과 '해도 되지 않는 것'을 먼저 구분해보세요. 그리고 '해서 되는 것'에 한 번쯤 몰입해보는 거예요. 그것에 깊이 파고들 때 새로운 길이 열릴지도 몰라요. 하나의 줄기에서 여러 개의 가지가 뻗어나가는 것처럼 말이에요.

제가 아직 어릴 때는 이런 힘든 시기를 연인과 함께 극복하기도 했어요. 그땐 정말 콩 한 쪽도 나눠 먹으며 서로에게 의지했는데요. 아무래도 지금의 연애 방식과는 많이 달라진 것 같아요. 무엇이 맞고 무엇이 틀리다 얘기할 수는 없지만, 그땐 삶의 고달픔과 힘듦을 사랑의 힘으로 이겨내기도 했답니다. 지금, 여러분들의 사랑은 어떤가요?

두 사람이 숲길을 걷고 있습니다. 그 끝엔 뭐가 있는지 두 사람은 알지 못하죠. 하지만 그것은 중요하지 않아요. 서로를 믿고 의지할 때, 사랑은 엄청난 크기의 힘으로 이들의 삶을 지탱할 테니까요!

칼 슈피츠베크, 1860, 〈숲속의 연인들〉, 뉴 갤러리, 카셀

엄마, 하고 부르던 너…
엄마, 하고 불리는 너

#초보맘 #육아 #부모

It's okay to have a dream that doesn't fly

시간이 흘러 어느덧 엄마가 되었지만, 여전히 '딸'의 모습인 초보 엄마들이 있습니다. 일과 육아를 병행하기도 하고 임신이나 출산으로 경력이 단절되는 경우도 종종 볼 수 있지요. 급작스러운 신체의 변화, 막막한 삶의 환경으로 우울한 나날을 보내고 있는 '초보맘'들이 많은데요. 여성들에게 이 '엄마 됨'은 인생의 가장 큰 이벤트이자 전환기가 아닐까 싶어요.

예전에는 결혼과 출산이 한 묶음의 형태였어요. 결혼했다면 마땅히 아이를 낳아야 했죠. 그러나 지금은 좀 많이 달라졌어요. 우선 결혼부터가 그리 심각하게 고민해도 되지 않을 '선택 사항'이 되었고, 출산 역시 큰 고민

없이 '하기 싫으면 안 해도 별 상관이 없는' 일이 되었으니까요. 심지어는 '비출산'을 결혼 전제 조건으로 내걸기도 하고요.

어린 나이에 아이를 낳게 되는 이른바 '초보맘'들은 우리가 상상할 수도 없는 우울의 깊이를 갖고 있어요. 저마다의 사정이 있겠지만 과거의 모습을 버려야 한다는 '자신의 부재'를 가장 큰 원인으로 꼽을 수 있겠어요. 쉽게 말해, 예기치 못한 전개에 당황한다는 거죠. '내가 이런 사람이 아닌데, 왜 이러고 있을까', '이런 상황을 원한 게 아닌데, 여긴 어디고 나는 누구인가'와 같은 생각을 하면서요. 고부 갈등, 육아 스트레스, 엄마라는 역할에 대한 부담감 등은 이 혼란을 한층 더 깊은 곳으로 밀어 넣기도 하지요. 초보맘들과 상담하다 보면 특히 사소한 일에 감정이 흔들리고 동요되는 모습을 많이 보게 되는데요. 다시 안정을 되찾는 데까지는 꽤 오랜 시간이 걸리기도 합니다. 엄마가 되기 전까지는 사회생활도 하고 친구들과도 만나면서 '자신만의 것'들을 만들어나가다가 별안간 그런 그것들과 단절된 삶이 눈앞에 놓이니까 자신의 존재에 대한 의심에 빠지게 되는 거예요. 전혀 그럴 것 같지 않던, 강해 보이기만 하던 사람들마저도요.

조금은 다른 얘기지만, 과거에는 육아 서적이 별로 인기가 없었어요. 왜 그랬을까요? 애를 돌봐줄 사람, 육아에 대한 조언과 끊임없는 주변의 관심이 있었기 때문이에요. 따로 육아에 대한 자료를 살펴보지 않아도 될 만큼요. 지금은 어때요? 육아에 관한 책이나 다양한 콘텐츠들이 하루가 멀다 하고 쏟아져나오죠. 독립적인 육아 형태가 어린 엄마들을 더 우울하게, 더 외롭게 만드는 거예요. 그렇다고 너무 낙담해 있을 필요는 없어요. 출산과 육아라는 건 어쩌면 인간으로서 할 수 있는 가장 아름답고 위대한 행위니까요.

당장은 막막하겠죠. 캄캄하겠죠. 그러나 아이가 커 가는 모습을 보면 이 힘든 시간을 극복해야겠다는 마음은 물론, 어떻게 극복할 것인가에 대한 답도 어느 정도 설 거예요. 그게 바로 누구도 무너뜨릴 수 없는 '엄마의 힘'이에요.

"경력 단절 때문에 사회에 다시 나갈 수 있을지 모르겠어요."
"살이 찌고, 살이 트고, 체형이 완전히 망가져버렸어요."

제가 소속된 과가 산부인과 쪽과도 연관이 되어 있다 보니, 여러 산모를 만나게 되는데요. 경제적인 고민과 신체적인 고민을 토로하는 산모들이 가장 많았고, 우울증이나 의욕 상실에 대한 고민도 적지 않았어요. 당연한 고민일 수 있어요. 어쨌든 우리는 현실을 살고 있고, 앞으로도 그 현실을 계속 살아가야 하니까요. 그러나 이런 고민은 '아이'라는 축복에 비하면 정말 아무것도 아닌 고민이라는 것을 여러분이 꼭 알았으면 좋겠어요.

아이가 잠든 모습을 보는 건 엄마의 특권일지도 몰라요. 이 고요한 모습이 삶의 원동력이 되기도 하지요. 새근새근 잠든 아기의 숨소리가 들릴 것 같은 그림이에요.

베르트 모리조, 1872, 〈요람〉, 캔버스에 유채, 56×46cm, 오르세 미술관

제 경우엔, 속도를 조절했어요. 일과 육아의 균형을 스스로 바로잡은 거죠. 물론 회사 여건상 육아 휴직 등의 제도를 인정해주지 못하는 회사도 있을 거예요. 그럴 땐 이직이나 다른 방법을 통해서라도 스스로 조절을 해야 해요. 그게 아니라면 육아와 일, 둘 다 그르치고 말 테니까요. 할 수만 있다면 아이와 함께 있는 시간을 늘리고, 아이와 교감하는 시간을 늘리는 게 좋습니다. 그게 엄마에게도, 아이에게도 이로울 거예요. 양쪽 모두에게 해당하는 근원적 결핍을 사랑의 힘으로 최소화하는 것, 이것이 가장 지혜로운 육아의 방법이에요.

"교수님, 왜 그리 바쁘게 사세요?"
"보고만 있어도 힘든 스케줄인데, 소화 가능해요?"

귀가 아프도록 들어온 질문입니다. 사실 질문이라기보다는 염려나 걱정에 가깝죠. 아이가 없을 때는 이런저런 이유가 제게도 있었을 거예요. 철학이 어쩌고, 꿈과 목표가 어쩌고… 그런데 아이를 낳고 보니 제 삶의 모든 원동력이 '아이'가 되더라고요. 특별히 의식한 건 아닌데, 자연스럽게 그렇게 된 것 같아요. 그리고 그러한 삶의 변화가 나쁘지 않았어요. 초점이 아이에게 맞춰졌다고 해서 제가 제 삶을 잃어버린 것은 결코 아니니까요. 물론 육아와 일을 병행하는 게 쉽지는 않았어요. 공부하랴, 일하랴, 육아하랴, 몸이 열 개라도 부족했죠. 비유가 아니라 정말로요. 그러다 건강이 안 좋아져서 특별히 힘들던 시절이 있었는데요. 그때 제 소원이 뭐였는지 아세요?

'하루만, 딱 하루만 아무 걱정 없이 실컷 자보고 싶어….'

교수가 되는 것도, 부귀영화를 누리는 것도 아니었어요. 그저 하루만 누구에게도 방해받지 않고 자보는 것, 이게 소원이었을 정도니 얼마나 힘들었을지 대충 짐작이 가죠? 그래서 친정에 아이를 하루 맡기고, 혼자 묵을 수 있는 숙소를 잡았어요. 요즘 말로 '호캉스'라 하던가요. 가서 (누가 차려주는) 맛있는 밥도 먹고 못다 읽은 책과 철 지난 영화도 보고 잠도 실컷 잤어요. 단 하루였는데 그 하루의 힘으로 다시 일주일을 살고, 다시 한 달을 살수 있게 되더라고요. 그 이후부터는 자주는 아니더라도 몸이 정말 힘들 때한 번씩은 아이를 맡기고 호캉스를 즐겼어요(물론 잠자는 시간이 거의 대부분이었지만…).

친정이든, 남편이든, 아이를 맡길 곳이 마땅치 않다면 돌보미 선생님을 구해서라도 하루 동안의 '온전한 휴식'을 갖길 바라요. 요즘은 정부에서 지원해주는 프로그램도 많으니 적극 활용하고요. 자동차가 달리는 데도 기름이 필요하고 꽃이 자라는 데도 물이 필요한데, 하물며 사람이 삶을 지탱해 가는 데 온전한 휴식이 없어서 되겠냐는 거죠. 결국 우리는 '조절'을 통해 현실을 '유지'할 수 있어요.

MZ세대면서 동시에 엄마인 사람. 적어도 엄마라면, 본인에게 씌워진 MZ라는 프레임을 한 꺼풀 벗겨내겠습니다. 부모의 입장에서 자꾸 '나는 어리다…, 나는 어리다…'라고 생각하게 되면 자칫 무책임해질 수 있기 때문이에요. 아이를 위해서라도, 그래서는 안 되겠죠. 저는 초보맘들을 위로

해주고 싶은 마음도 있지만, 조언해주고 싶은 마음이 사실 더 커요. 엄마가 될 거라면, 엄마가 되었다면, 마음가짐부터 달리해야 한다고. 힘든 순간순간을 엄마가 되는 하나의 과정(누구나 겪는)이라 여기면 조금은 괜찮아질 거예요. 엄마가 된 이상, 이 축복된 사명감을 귀하게 여기는 '초보맘'이 되기로 해요!

#죽음 #이별 #그리움

It's okay to have a dream that doesn't fly

누구나 한 번쯤은 소중한 사람을 떠나보내야 하는 순간을 맞이하게 됩니다. 거스를 수 없는 자연의 섭리이기도 하죠. 그게 죽음일 수도 있고 잠깐의 작별일 수도 있고, 혹은 그게 사람일 수도 있고 동물일 수도 있는데요. 가족이나 친구, 연인, 반려동물과의 이별을 앞두고 있거나 이별 후 괴로워하는 사람들의 트라우마는 그 어떤 고통보다 견디기 힘들어요. 이별 앞에 모두가 의연할 수는 없을 테니까요.

먼저 실연, 그러니까 연인과의 이별을 한번 생각해볼까요. 〈누구나 사랑을 한다〉라는 제목의 노래가 있습니다. 깊이 있는 가사와 유려한 멜로디로 유명한 그룹 '부활'의 곡이죠. 그 대상은 천차만별이겠지만, 우리는 누구나 사랑을 한답니다. 사랑한다는 것은, 반대로 사랑을 잃을 수도 있다는 말인데요. 그 '잃음' 때문에 사랑하지 않는다는 건 너무 끔찍한 일이 아닐까 저는 생각해요. 제가 연애할 때만 해도 누군가와 헤어지면 진심으로 상대방의 축복을 빌어주곤 했어요. 서로 저주하고 욕하고 치정 범죄까지 일삼는 현대의 '이별'과는 사뭇 다른 모습이죠. 결국 사랑만큼이나 이별도 건강해야 한다는 생각입니다.

2006년, 크로아티아 수도 자그레브에서 '올린카 비슈티카'와 '드라젠 그루비시치'가 〈실연〉을 주제로 전시를 열었어요. '이별을 경험한 많은 사람들의 물건을 태우지 말고 보존해야 한다'는 취지로 기획된 이 전시는 세계 각지에서 각기 다른 형태로 기획되며 오랫동안 많은 사랑을 받았는데요. 그 이유가 무엇일까요. 여전히 많은 사람들이 이별을 '버리는 것'이 아닌 '간직하는 것'으로 여기고 있다는 거예요. 위에서 말한 '건강한 이별'의 한 형태일 수도 있겠어요.

사실 실연의 아픔을 가장 잘 극복할 수 있는 방법은 상대방에게 나눠주던 사랑을 자신에게로 고스란히 되돌리는 거예요. 물론 마음먹은 것처럼 잘 되지는 않겠죠. 당장은 너무 힘들고 바늘로 온몸을 찌르는 것처럼 아플 테니까요. '시간이 약이다'라는 말을 많이 들어보았을 거예요. 시간이 아픔을 무뎌지게 할 수는 있어도, 결코 낫게 하지는 못해요. 너무 힘들면 상담을 받고 치료받는 게 가장 좋다는 얘기예요. 그래도 버릴 수 없다면, 버리는 게 힘들다면, 가장 아름다운 형태로 내 안에 간직하면 돼요.

데이비드 호크니의 그림입니다. 호크니는 자신이 키우는 개를 참 많이 그렸어요. 동물을 사랑하는 호크니의 따뜻한 마음을 그림에서도 여실히 느낄 수 있죠. 이별 직전… 사람은 개에게, 개는 사람에게 무슨 말을 할 수 있을까요?

우리가 겪는 이별 가운데서도 가장 거대한 종류의 이별은 '죽음'이 아닐까 싶어요. 이 죽음에는 두 가지 모습이 있는데요. 하나는 '나의 죽음', 다른 하나는 '타인의 죽음'이에요. 죽음을 간접적으로 체험하거나, 타인의 죽음(주검)을 보게 되는 일 등 '죽음'을 맞이하는 일은 다양한데요. 치매를 앓고 있지 않은 이상 이 죽음에 대한 '공포'와 '두려움'은 쉽사리 사라지지 않습니다. 어쩌면 평생을 함께해야 할 수도 있고요. 보통의 경우에는 떠난 이와 관련된 물건이나 공간에 집착하는 성향을 보이게 되며, 몇몇은 일상생활이 불가능할 만큼 괴로워하기도 합니다.

이웃에 살던 어떤 아이는요. 키우던 병아리를 도둑고양이가 물고 달아나는 장면을 눈앞에서 목격하고는, 곧장 집으로 가 대성통곡을 하며 고양이 그림책을 다 찢어버렸답니다.

"엉엉…, 내 병아리! 내 병아리 살려 내!"
"그 고양이랑! 이 고양이 그림책이랑! 대체 무슨 상관이니!"

미물일 수도 있는 한 마리의 병아리가 아이에겐 또 하나의 세상이었던 거죠. 그러니 아이가 느꼈을 상실감이 어땠겠어요. 바로 눈앞에서 병아리의 마지막 모습을 봤다면 더 말할 것도 없겠죠. 애먼 책을 갈기갈기 찢었으니, 당연히 엄마에게 혼도 실컷 났고요.

얘기를 듣고 있던 제가 아이의 엄마에게 참 다행이라고 했어요. 애지중지 키우던 병아리의 죽음을 목격한 아이가 아무런 감정의 동요나 표출 없이 지냈다면, 언젠가는 그 트라우마가 아이의 삶에 좋지 않은 영향을 주었을 거라고… 감정은 때로, 그렇게 다스려야 한다고. 아이의 엄마가 고개를 한 번 끄덕, 하고는 멋쩍게 웃었어요.

저도 강아지에 대한 어린 시절의 아픈 기억이 있어요. 학교 갔다 집에 왔는데 글쎄, 키우던 강아지 두 마리 중 한 마리가 감쪽같이 사라진 거예요. 가방도 안 벗고 강아지를 찾아 온 동네를 헤집고 다녔어요. 그러다 결국 해 질 무렵 한 식당 앞에 묶여 있는 강아지를 보게 되었죠. 그때 그 충격은 이루 말할 수 없었어요. 울고불고 사정해서 다시 집으로 데려오긴 했는데 그 이후부터 강아지만 보면 마음이 자꾸 두근거리는 거예요. 결혼을 하고, 아이를 낳고, 그 아이들이 자라 강아지를 키우고 싶다고 했을 때도 저는 반대했어요. 어린 시절의 그 기억 때문이었죠. 제 트라우마 때문에 아이들에게 해줘야 할 것들을 제때 못 해준 게 저는 지금도 마음에 걸려요(이제 다 컸으니, 이해하겠죠?).

사람도 마찬가지예요. 우리는 잃은 사람이 있고, 앞으로 잃을 사람도 있어요. 먹기만 하면 '영생'을 얻는 신약이 개발되지 않는 한 말이죠. 죽음이라는 섭리를 자연스럽게 받아들이면 가장 좋겠지만 그게 힘들다면 위에서 소개한 아이처럼 아픈 감정을 표출할 줄 알아야 해요. 그 방식이 폭력적이지 않고 건전하다면 더욱 좋겠죠. 온갖 노력을 다 해봤는데 안 된다, 그러면 전문의를 찾아 치료받는 것이 가장 좋아요. '상실한 것'에 대한 반응을 살피고, 진단과 치료가 적절히 이루어지면 망연자실하던 모습을 조금씩 벗게 될 거예요. 물론 주위 사람들의 위로도 좋아요. 염려와 걱정 역시 고마운 일이고요. 그러나 잠깐의 온기가 완전한 치유의 힘을 지니지는 못해요. 찢어지면 꿰매는 게 맞고, 부러지면 붙이는 게 맞아요. 다른 방법도 있겠지만 이보다 확실하고 정교하지는 않으니까요.

애도 기간을 정해놓는 방법도 있는데요. 그 기간에만 열심히 슬퍼하고 마는 거죠. 기간은 정하기 나름이고 충분히, 그리고 열심히 자신의 슬픔에 대해 슬퍼하세요. 후련해질 거예요. 그것이 떠난 사람을 위한 최소한의 배려이기도 해요. 자신이 사랑하는 사람이, 자신의 죽음 때문에 폐인이 되어 살아간다면 과연 여러분은 고마울까요, 아니면 미안할까요.

묘지에 앉은 여인의 모습이 보입니다. 인간인 이상 누구나 겪는 아픔이지요. 어쩌면 지극히 자연스러운 일이기에 그리워하되 너무 매몰되어서는 안 돼요. Life goes on. 삶은, 그렇게 계속되니까요.

외로운 날이면
나는 늘 그림 앞에 앉았다

#외로움 #우울증 #방콕

It's okay to have a dream that doesn't fly

여러모로 각박한 세상입니다. 때론 설 자리가 없는 것처럼 느껴지기도 해요. 첨단을 달리는 이 시대에, 스스로 낙오자라 여기며 방 안에서 나오지 않는 청년들은 현시대의 가장 큰 맹점일 수도 있겠습니다. 우울증, 조울증, 대인기피증… 겪어보지 않은 사람들은 루저라고 손가락질하거나 혀를 끌끌 차기도 하겠지요. 관계에 지치고, 현실에 치여 마음의 병을 얻은 수많은 청년들…. 이들을 구석으로 몰아세운 건 과연 누구일까요.

코로나19 팬데믹의 여파로 우리는 일상의 큰 변화를 겪었습니다. '코로나 블루'라는 우울의 새로운 이름이 또한 만들어졌고요. 소외된 사람들은 자꾸만 더 소외되고, 우울한 사람들의 우울은 나날이 커져만 갑니다. 가장 큰 이유를 꼽으라면 소통의 단절이 되겠는데요. 가족, 친구, 동료 등 가까운 사람들과의 불화가 그들을 더욱 움츠리게 만들죠. 그렇게 자꾸 들어가는 거예요. 구석으로, 더 구석으로요.

정도의 차이가 있을 뿐, 그들 대부분은 우울증을 앓고 있을 확률이 높습니다. 그 감정이 일상에서 자연스레 소멸되느냐 축적되느냐에 따라 환자와 비환자가 구분되는 거죠. 어쩌면 인터넷, 스마트폰 등의 발달이 이 우울을 부추기고 있을지도 모르겠습니다. 누워서 온 세상을 들여다볼 수 있으니 말이에요. 국민 메신저인 카카오톡뿐만 아니라 각종 SNS에서도 댓글이나 DM 등으로 얼마든 소통할 수 있고, 정보를 주고받을 수 있어요. 그러니까, '굳이' 밖에 나가서 사람들을 만나지 않아도 된다는 거죠.

씻지도 않고, 밥도 안 먹어요. 마지막으로 거울을 본 게 언제인지도 모르고요. 씻을 이유가 없고 밥 먹을 이유, 거울을 볼 이유가 없다고 느끼기 때문일 거예요. 삶의 의욕이 저 밑바닥까지 찍은 경우엔 이보다 더 심한 모습이기도 해요. 그런 상황이 지속될수록 사회적 기능은 저하되고 삶의 질 역시 크게 떨어집니다. 몸과 함께 마음도 병드는 거죠.

"나는 실패자야. 구제불능이지."
"엉터리로 살다 죽을래, 그게 편해."

누구나 자신이 처한 상황이나 환경이 가장 힘든 법이지만, 우리 때와 비교해 본다면 지금 젊은이들의 삶이 훨씬 힘들 것 같다는 생각이 들어요. 그래서 기성세대로서 안타깝고 미안한 마음도 들고요. '이들에게 작게나마 도움이 되자…' 책을 써야겠다고 마음먹은 계기이기도 해요. 여러분이 구석에 있다면, 혹은 구석의 근처라면 명상이나 좋은 향을 맡는 것으로 마음을 먼저 다스려 보아요. 단 몇 분이라도 좋아요. 눈을 감고, 심호흡하면서 머릿속을 깔끔하게 정돈해보는 거예요. 좋은 향을 맡는 방법엔 여러 가지가 있는데요. 목욕용품이나 향초, 향수, 방향제, 섬유유연제 등을 활용해 볼 수 있어요.

마음이 정돈되면 이제 슬슬 움직이고 싶을 거예요. 그럼 나가세요. 편의점에 가서 음료수라도 하나 사 와요. 거울을 한 번쯤 보게 되겠죠. 그럼 물 세수라도 하고, 머리라도 한 번 더 빗게 될 거예요. 그렇게 나가는 연습을 하는 거예요. 한두 번 나가다 보면 어느 순간 폐쇄되었던 마음의 문이 조금씩 열릴 테니까요. 내가 나를 다시 '개방'하는 거예요!

우울증은 '마음의 감기'라고도 하는데요. 우리, 감기 걸리면 어떻게 해요? 따듯하게 입고, 따듯한 음식을 먹잖아요. 감기 걸렸을 때랑 똑같이 해보세요. 몸을 따듯하게 유지하고(한여름에 에어컨을 끄지는 말고요!) 따듯한 음식과 차를 대하세요. 사고의 속도가 빨라지고 집중력이 향상될 거예요. 그리고 곧 이렇게 말하겠죠.

"어? 내가 그동안 뭐 하면서 살았던 거지?"

"자, 일단… 청소랑 빨래부터!"

방에 오래 갇혀 있으면 이런 분위기의 자신을 만날 수 있을 거예요. 그림 속 여성이 아무래도 건강해 보이지는 않는데요. 자신을 깨뜨릴 수 있는 건 오직 자신뿐이에요. 그럼, 나갈 준비 됐나요?

툴루즈 로트렉, 1898, 〈화장하는 푸풀 부인〉, 판지에 유채, 60.8×49.6cm,
툴루즈 로트렉 박물관, 알비

저도 개인적인 문제로 한 달가량 집에만 있었던 적이 있는데요. 처음엔 좋더라고요. 이렇게 쉬어도 되나 싶기도 했고요. 일주일쯤 지나니까 알 수 없는 죄책감과 절망감이 조금씩 몰려오는데, 그렇게 우울한 기분은 처음이었어요. 그다지 나쁜 상황이 아님에도 불구하고 말이죠. 돌이켜보면 '상황'보다는 '환경' 때문이었던 것 같아요. 정말 늪이 따로 없었죠. 계속 가라앉는 기분이었달까요. 다행히 그때 제 상태에 대해 어느 정도 인지하고 있었고, 바로 정신을 차렸어요. 그걸 알아차릴 만큼의 예민함이 있는 사람이 있는가 하면 그렇지 않은 사람도 있을 거예요. 그런 사람들을 위해 자가 점검할 수 있는 몇 가지 항목들을 알려드릴게요. 다섯 개 이상 들어맞는다면 의심해봐도 좋아요.

· 갑자기 살이 확 찌거나 빠진다

· 악몽을 자주 꾼다

· 미래를 생각하면 아찔하다

· 무엇에도 흥미를 느끼지 못한다

· 자도 자도 피곤하다

· 이유 모를 눈물이 난다

· 누군가 내게 실망했을 거라는 생각이 자꾸 든다

· 내가 한심하게 느껴진다

의욕, 잃기도 쉽고 갖기도 쉬운 것이 의욕이라고 생각해요. 제가 아는 어떤 언니는, IMF 시절 동생이 하도 집에만 있어서 조그마한 호떡 가게를 차려줄 테니 장사를 해보라고 권유했대요. 당시에 호떡 프랜차이즈가 유행했거든요. 이것저것 알아본 동생은 끝내 그 좋은 제안을 거절하게 되는데요. 이유가 정말 기가 막힙니다. 몸에 기름이 튀어서? 추운 날 늦게까지 장사해야 해서? 그런 이유라면 이해라도 가지요. 호떡 부칠 때 누르개로 호떡을 누르잖아요. "그게 힘들 것 같아서…" 그 이야기를 듣고 저도 말문이 막히고 말았습니다. 도대체 의욕이 얼마나 없어야 그럴 수 있을까 싶었어요.

우울의 끝에서 길을 헤맬 때, 아무도 없다면 스스로 방법을 찾아나가야 되지만 독려해주는 누군가가 있다면 그 사람에게 의지하면서라도 일어나야 해요. 기회가 주어진다면, 잡아야죠. 우울증은 첫 발병 이후 50% 이상이 두 번째 우울증을 경험한다고 해요. 몸과 마음이 건강해졌어도 지속적인 관찰이 필요한 까닭이죠. 그러니 좀 괜찮아졌다 하더라도 꾸준히 자가 진단하면서 자신의 상태를 체크하기로 해요. '방치'해서는 안 돼요. 자신에게 무관심해지는 순간, 모든 걸 잃게 되니까요.

열린 창문으로 보이는 하늘이 맑습니다. 그러나 앉아서 밖을 내다보는 여성의 표정은 그리 밝아 보이지 않아요. 밖을 갈망하기만 하지 마세요. 저 '맑음' 속으로 걸어 들어가는 거예요!

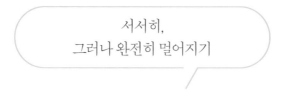

서서히,
그러나 완전히 멀어지기

#중독 #의지 #회복

It's okay to have a dream that doesn't fly

술, 도박, 담배, 마약, 성형, 폭식, 성, 유흥, 과소비, 범죄 등 온갖 것들에 중독되어 삶을 잃어가는 청년들이 있습니다. 요즘은 청소년들마저 도박과 마약에 노출되어 있는데요. 좋지 않은 '무언가'를 끊어내고 일상으로 되돌아올 수는 없을까요?

중독의 다른 말은 '의지'예요. 우리가 이토록 많은 것에 의지하고, 또 의존하게 되는 이유는 뭘까요. 아마 모자라고, 부족하기 때문이겠죠. 부족하니까 자꾸 다른 무언가로 채우길 원하는 거예요. 설령 그게 해로운 것일지라도요. 이것이 우리를 파괴하고 있다는 생각은 하지 못한 채 말입니다. 이 해로운 요소들은 '즉각적인 반응'이 없는 경우가 많은데요. 방금 담배를 피웠다고 해서 갑자기 건강에 큰 변화가 생긴다거나 치아가 상하지는 않는 것을 생각해보면 알 수 있죠. 다만 자신도 모르는 사이에 서서히 망가지고 있다는 걸 명심해야 해요. 어느 시기가 오면 되돌리지도 못할 수준이 되고 말 테니까요.

성별과 나이를 떠나서 모든 중독은 해롭습니다. 과유불급이라는 말, 귀가 닳도록 들어 봤을 거예요. 정도가 지나치면 미치지 않은 것보다도 못하죠. 특히 이 '중독'은 자신에게만 해를 입히는 것이 아니라 가족과 친구, 주변 모두에게 해를 입혀요. 물질적인 해, 정신적인 해… 이기심의 폐해인 거예요. 어떤 이기심은 좋기도 해요. 동기부여가 되고, 더러는 성장할 수 있는 계기가 되기도 하니까요. 그런데 욕심, 중독에 의한 이기심은 자신뿐만 아니라 타인까지 병들게 한답니다.

중학생들이 불법 스포츠 베팅을 한다는 뉴스를 접하고 놀랐던 적이 있어요. 10만 원이 50만 원이 되고, 50만 원이 100만 원이 되고… 아니 그 전에, 그 큰돈이 대체 어디서 났을까요. 얘기를 들어보니 친구에게 빌리거나 (갚지도 않을 거면서) 빼앗은 돈, 부모님이 사주신 물건을 몰래 팔아 마련한 돈 등 불건전한 방법이 대부분이더라고요. 과연 올바른 행동이라고 할 수 있을까요. 도박이라… 글쎄요. 중독도 중독 나름이란 말이죠. 고등학생들을 보면 담배나 술은 기본에, 마약성 진통제를 처방받아 오남용하거나 판매하는, 극도로 위험한 친구들이 있어요. 중독이 범죄로 이어진 경우라고 볼 수 있겠죠. 그리고 이건 범죄 가운데서도 아주 중한 범죄에 속해요.

중독을 끊어내는 가장 좋은 방법은 초기에 '주변 사람들'을 이용하는 겁니다. 먼저, 이 사실을 솔직하게 털어놔야겠죠. 부끄럽고 민망한 건 고백할 때 잠시뿐이에요. 아마 꾸짖는 사람보다 격려해주고 응원해주는 사람이 더 많을 거예요. 전문가에게 상담받고 치료받는 것도 부끄럽게 생각해서는 안 돼요. 사람이 죽어가는데 잠깐 부끄러운 게 뭐 대수인가요. 고백의 왕이 되세요!

위에 나열된 것들 말고도 사실 우리는 참 많은 것에 중독되어 있어요. 학생들은 스마트폰 중독, 직장인들은 니코틴과 카페인 중독, 심지어는 반려동물 중독도 있어요. 사회와 단절되다 보니까 동물에게 의지하고 의존하는 거예요. 동물을 가족처럼 아끼고 사랑하는 마음은 좋아요. 하지만 그러한 자신의 마음에 너무 집착하게 되면 자칫 삶이 황폐해질 수 있다는 걸 잊지 말아요. 과해서 좋은 건 하나도 없어요. 음식도 마찬가지죠. 아무리 몸에 좋고 비싸고 맛있는 음식도 많이 먹으면 반드시 탈이 나게 되어 있어요.

환영으로 떠오른 초록빛의 사람은 알코올 중독에 의한 환상입니다. 빛깔이 신비로운 술, 압생트인데요. 반 고흐, 헤밍웨이, 마네, 드가, 로트렉, 피카소 등 당대 최고의 예술가들이 이 술을 사랑했죠. 아무리 좋은 향과 맛의 술이라도 중독이 된다면 결코 좋은 술이라고 말하기 어려워요. 그러니, 과하다 싶으면 과감히 떨쳐버려요!

빅토르 올리바, 1901, 〈압생트 마시는 사람〉, 카페 슬라비아

무언가에 쉽게, 그리고 잘 빠지는(빠지게 되는) 성향들이 있어요. 한 번 빠지면 쉽게 헤어 나오지 못하는 그런… 무아지경에 곧잘 이르는 사람들이요. 그렇다고 그 성향을 탓하고 있을 수만은 없잖아요. 이런 사람들은 '다른 것에 집중'하는 등의 방법으로 중독을 벗어날 수 있어요. 효과가 일시적이라고 해도요. 관심사를 다른 곳으로 돌리거나 약간의 노력으로 새로운 '흥밋거리'를 만드는 거예요. 중독된다고 해도 크게 해롭지는 않을 것 같은 독서나 영화감상 같은 것들이요. 건강을 위해 헛된 쾌락을 잠시 내려놓는 현명한 사람이 되자고요!

미술 치료를 하면서 알코올 의존증 환자, 그러니까 '알코올 중독자'들을 꽤 많이 만났는데요. 술이 그 사람들의 '안정제' 역할을 하고 있다는 걸 알게 되었어요. 이를테면 '술이 나를 치료하고 있다'라고 믿는 거죠. 손쉽게 구할 수 있고, 큰돈 안 들고, 이 괴로운 상황을 잠시나마 벗어나게 해주는 데 마다할 이유가 없는 거예요. 술에 중독된 사람들은 한눈에 봐도 건강 상태가 좋지 않았어요. 한 잔 두 잔 먹다 보니 어느새 중독이 되고, 직장 잃고 건강 잃고 주변 사람들 다 떠난 후, 마침내 저를 찾아오는 사람들이었죠.

"조금만 더 일찍 오시지 그랬어요."
"그게, 저… 미안합니다."

치료에는 '시기'라는 게 있어요. 치료할 수 있는 시기, 약이 듣는 시기, 회복 가능성이 있는 시기…. 이 시기를 놓치면 회복이 더딜 뿐만 아니라 어쩌면 영원히 회복하지 못할 수도 있어요. 좀 무서운 얘기긴 한데, 사실이에요. 건강도 건강이지만, 이렇게 무언가에 중독된 사람들은 다양한 기회를 놓치게 돼요. 일을 놓치고, 사람을 놓치고, 상황과 우연들을 놓치게 돼요. 도태되지 않기 위해 걷는 것도 중요하지만, 함께하기 위해 걷는 게 더 중요해요. 이 말을 이해한다면 조금 단호해질 필요가 있어요. 끊어내는 데 '계기' 같은 건 필요 없어요. '계기'가 있어야 한다면 그 계기가 사라지고 난 후엔 다시 악몽이 시작될 거예요. 문득, 아무 이유 없이, 그냥 끊으세요.

자신이 '무언가에 빠지면 쉽게 헤어 나오지 못하는 성향'이란 걸 알고 있는 사람이라면 '중독'을 미연에 방지할 수도 있어요. 가령 게임을 한번 시작하면 끝을 봐야 하는 사람이다, 그러면 아예 시작도 하지 않는 거죠. 때로 이러한 극단적인 태도가 올바른 방향을 제시해준다는 사실을 알아야 해요. 있는 그대로의 자신을 사랑하는 것도 좋지만, 지나치게 관대해서도 안 돼요. 왜, 사랑에도 여러 모습이 있잖아요. 자신을 해치는 걸 사랑이라 볼 수는 없을 테니까요.

"야식을 안 먹으면 잠을 못 자요."
"배가 든든해야 좋은 꿈을 꾸지요."

야식을 못 끊는 분이 있었어요. 자정만 되면 배가 고파진다는 거예요. 살은 살대로 찌고, 건강은 건강대로 나빠지고… 야식을 안 먹으면 허전해서 도무지 잠이 안 온다는 거죠. 단박에 끊을 수는 없을 것 같아 먼저 메뉴를 좀 조정했어요. 자극적인 음식에서 좀 간편한 음식으로, 배달 앱은 아예

지워버렸고요. 그렇게 미술 치료와 병행을 했는데 다행히 효과가 금방 나타났어요. 공허한 느낌과 허전함 때문에 야식에 중독된 사례였지요. 이처럼 대부분의 '중독'은 신체적·정신적 건강에 해롭습니다.

이 그림을 그린 로트렉은 유년 시절, 다리가 부러지는 사고를 당한 후 성장이 멈추게 됩니다. 체구가 작은 편이었죠. 성인이 되어서도 키가 150cm 정도였으니까요. 그 스트레스 탓인지 향락적이고 퇴폐적인 그림을 많이 그렸습니다. 중독은 대개 쾌락을 내포하고 있죠. 그리고 그 쾌락의 말로는 좋지 않은 경우가 대부분입니다. 이래도 잠깐의 쾌락과 영원한 고통을 맞바꾸시겠어요?

'투머치'와 '오버'라는 말을 많이들 씁니다. '그거, 투머치야', '오버 좀 하지 마' 같은 식으로요. 지나치면, 될 것도 안 돼요. 모든 중독으로부터 서서히, 그러나 완전히 멀어져 봅시다.

— ✦✦✦ —

툴루즈 로트렉, 1896, 〈킬페리쿠스의 볼레로를 추고 있는 마셀르 렌더〉, 캔버스에 유채, 145×149cm, 존 헤이 휘트니 부부 소장

생각 속에서 너는 몇 번이나
죽어 봤니?

#자살충동 #자해 #존재감

It's okay to have a dream that doesn't fly

OECD 국가 중 자살률 1위가 우리나라입니다. 모두 알고 있는 사실일 텐데요. 자살 충동을 느끼고, 자살 기도를 하고, 하루에도 수십 번 수백 번씩 자기를 죽이는 청년들이 주위에 많다는 사실은 아마 잘 모를 거예요. 청년 고독사의 비중이 급격히 늘었다고 말하던 특수청소업체 직원의 떨리는 목소리가 아직도 생생한데요. 무엇이 이들을 죽음으로 내모는 걸까요.

개인차가 있겠지만 모든 '죽고 싶은 마음'은 부정적인 상황으로부터 비롯됩니다. 행복해서 죽는 사람보다 불행해서 죽는 사람이 훨씬 많은 것만 봐도 알 수 있지요. 희망이 보이지 않아서, 사랑에 실패해서, 빚을 감당할 수 없어서, 수치스러워서, 진실을 밝히고 싶어서, 삶이 막막해서…. 어떤 형태로 자살하든, 자살은 죽음으로써 자신의 상태를 표현하는 것이겠죠.

절망적인 현실 앞에서 태연할 수 있는 사람은 그리 많지 않을 겁니다. 아무리 강해 보이는 사람도, 말 한마디에 무너질 수 있다는 거죠. 이 말은, 말 한마디로 '죽게 될 사람'을 구할 수도 있다는 뜻입니다. 죽으려는 사람을 앞에 두고 잔소리나 훈계를 하면 불난 집에 기름을 들이붓는 꼴이 되겠지요.

조금 오래된 일인데요. 정말 밝고 긍정적이고, 에너지 넘치는 분이 계셨어요. 타의 모범이 되는 건 물론이고, 강연을 통해 많은 이들에게 희망을 주던 분이었죠. 소위 말하는 유명인이었는데요. 그분이 자살했다는 소식을 들은 그날 저는 하루 종일 아무것도 할 수 없었답니다. 마음이 너무 어렵고, 슬프고, 또 복잡했기 때문이죠.

'그 사람이 자살했을 리가 없는데….'
'다른 사람이면 몰라도 그 사람이 대체 왜, 뭐 때문에?'

이렇듯 우리는 그 사람의 마음속에 들어가 보기 전까지, 아니 그 사람이 되어 보기 전까지 완전한 '이해'라는 걸 할 수가 없어요. 보이는 게 전부가 아니고, 보이지 않는다고 해서 없는 게 아니라는 거죠. 상담하고 치료하는 저 역시 그 사람의 전부를 꿰뚫어 볼 수는 없어요. 다만 짐작하고 헤아려 볼 뿐이죠. 데이터를 통해 가장 이상적인 치료 방법을 제시해주는 거고요. 사실 '자살'이나 '죽음'을 주제로 상담하는 사례가 과거에는 그리 많지 않았어요. 근래에 눈에 띄게 늘어난 거예요.

자살은 이제 더는 개인의 문제가 아닙니다. 가족과 친구, 그 상황을 수습해야 하는 의료진 등에게 손해와 상처를 입히는 또 하나의 사회적 문제로도 볼 수 있으니까요. 결국 자살이란 것은 어렵고 힘든 상황에서 빠져나가는 대안이 아니라, 주변을 괴롭히는 극단적인 선택일 뿐이에요. 그럼에도 죽고 싶은 마음이 간절한 사람이 있다면, 지체하지 말고 병원에 가서 상담받고 치료받으세요. 자살을 결정하는 원인이나 과정은 저마다 다르고, 당사자를 잘 알고 있다고 해서 반드시 적절한 도움을 줄 수 있는 것도 아니니까요. 자살 충동을 느끼는 대부분의 사람들은 우울증 등의 정신질환을 앓고 있기에, 곧 나아질 거라는 섣부른 위로나 일시적인 격려 따윈(애석하게도) 별로 도움이 되지 않아요. 도리어 상황을 더 악화시킬 수도 있어요. 따라서 전문가의 전문적인 상담과 처방, 치료를 가벼이 여겨서는 안 됩니다.

자살에 대한 생각은 분명 누구나 가질 수 있어요. 눈을 감고 생각해보아요. 생명을 그렇게 쉽게 끊을 수 있나요? 생명이 그런 건가요? 당신의 목숨이, 당신 혼자만의 것인가요?

오딜롱 르동, 1890, 〈감은 눈〉, 판지에 유채, 44×36cm, 오르세 미술관

특히 저는 '자해'의 심각성에 대해 좀 얘기하고 싶은데요. 요즘 청소년들은 스스로 상처를 내는 데 그치지 않고 자해의 과정이나 결과를 서로 공유하기도 합니다. 커뮤니티나 SNS를 통해서 말이죠. 자해가 마치 유행처럼 떠돌며 아이들의 신체와 정신을 망가뜨리고 있다는 거예요. 요즘은 커터칼로 손목을 긁어 단순히 '피 난다!'라고 말하는 수준이 아니라 그 안에 온갖 사유와 철학을 담아 게시하고 나눕니다. 관심의 갈급함이 낳은 최악의 결과죠. 이런 아이들은 자해를 함으로써 평안을 찾고, 위안을 얻고, 사랑받고 있다는 생각(착각)을 할 것입니다. 수위가 높고 자극적일수록 사람들은 환호하고 더 큰 관심을 보이니까요. 자신을 파괴하면서 얻은 만족감이 과연 얼마나 지속될까요. 그리고 그 만족감이 올바른 만족감으로 작용할까요. 절대 그렇지가 않습니다. 순간적인 '거짓 쾌락'에 속아서는 안 돼요.

자해는 '자살적 자해'와 '비자살적 자해'로 나뉩니다. 자살적 자해는 말 그대로 자살하기 위해 몸에 해를 가하는 행위예요. 죽음을 목표로 둔 행위인 거죠. 목을 매거나 독극물을 마시는 등의 방법으로요. 여기에는 견딜 수 없는 심리적 고통으로 인해 절망감과 무력감을 느끼고, 스스로 의식을 마감하려는 의도가 담겨 있어요.

비자살적 자해는 죽음을 목표로 두지 않은 자해 행위예요. 그래서 상처가 비교적 심하지 않죠. 불쾌하고 불안한 기분, 긴장감, 분노 등의 감정에 맞서기 위해 정신적인 고통을 신체적 고통으로 치환하는 거예요. 그 과정을 통해 잠시나마 고통으로부터 해방되며 쾌감을 느낍니다. 보통은 커팅이나 스크래치, 화상 등의 방법을 써요. 이 비자살적 자해를 하는 아이들은 대부분 '살기 위해' 이 행위를 하는데요. 살기 위해 자해를 한다… 이 아이러니를 어떻게 해야 할까요.

'결국 이들 모두는 누군가로부터 이해받고 싶고, 관심받고 싶고, 그것도 아니면 그저 얘기할 수 있는 대상이 필요했던 건지도 몰라요.'

자살징후를 알아차리는 것 역시 매우 중요합니다. 1명이 자살하면 주변의 6명이 영향을 받는다고 하잖아요. 한 번쯤 여유를 갖고 주위를 둘러보았으면 좋겠어요. 농담 식으로라도 자살이나 죽음에 대해 자주 언급하는 사람이 있는지, 평소보다 술을 많이 마신다거나 대외 활동이 부쩍 줄어든 사람이 있는지 말이죠. 다행히 그런 사람을 발견한다면 수용해주고 공감해주세요. 솔직하게 진실로써 말하는 것도 잊지 말고요.

자살 생각이 나고 죽고 싶을 때, 너무 혼자 힘들어하지 마세요. 여러분이 생각하는 것보다 여러분을 아끼고 사랑하는 사람이 많이 있다는 걸, 여러분만 모르고 있네요.

에드바르 뭉크, 1896, 〈이별〉, 캔버스에 유채, 96×127cm, 뭉크 미술관

Chapter 4

네가 가진 너

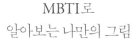

MBTI로
알아보는 나만의 그림

It's okay to have a dream that doesn't fly

최근에 혈액형이나 별자리 물어보는 사람 본 적 있나요? 아마 대부분
은 없을 겁니다. 바야흐로, MBTI의 시대가 왔거든. MBTI는 오늘날 '성
격유형검사'를 넘어 하나의 문화로 자리 잡기 시작했는데요. 오죽하면 새
로운 사람을 만나는 자리에서도 이름, 나이, MBTI 순으로 대화를 이어
가겠어요. 이 얘기를 빼놓고는 대화가 안 될 정도니, 아직 해보지 않은 분
이 있다면 세대를 떠나 경험 삼아 한번 해보는 것을 추천해요. 어쩌면 MZ
세대는 16개의 유형을 통해 '틀림'이 아닌 '다름'을 말하고 싶은 건지도 몰
라요!

MBTI(Myers-Briggs Type Indicator)는 마이어스(Myers)와 브릭스(Briggs)가 스위스의 정신분석학자 칼 융(Carl Jung)의 심리 유형론을 토대로 고안한 자기 보고식 성격 유형 검사 도구예요. 이름 한번 거창하죠. 이 MBTI가 알려진 건 벌써 30년 전의 일이지만, 각광받기 시작한 건 비교적 최근이에요. 자신은 물론 '타인에 대해 알고 싶어 하는 욕구'가 커지면서 이 검사가 수면 위로 올라왔을 거라고 전문가들은 말하죠. 일부 기업이나 단체는 MBTI 열풍에 힘입어 짐적 검사지를 만들기도 하는데요. 이게 또 너무 잘 들어맞아 'MBTI는 과학이다'라는 농담까지 생겨날 정도예요(그렇다고 너무 맹신해서는 안 되지만요).

사람은 한 부류에 속하고 싶은 '범주화 본능'과 어떤 부류에도 속하고 싶지 않은 '간극 본능'을 동시에 갖고 있어요. 이 본능이 MBTI 열풍에 한몫했지요. 사실 의학계에서는 MBTI를 흥미 요소 정도로만 즐기길 권하고 있으며, 임상에서도 MBTI가 쓰이는 경우는 거의 없어요. 결국 하나의 검사만으로 자신을 지나치게 범주화할 필요가 없고, 그렇게 해서도 안 된다는 거죠. 가령 '얘는 이게 나왔으니 이렇고(이래야 하고, 이럴 것이고), 쟤는 저게 나왔으니 저렇고(저래야 하고, 저럴 것이고)'라는 생각은 할 필요가 없다는 거예요. 성격에는 뚜렷한 정답이 없으니까요.

그렇다고 MBTI를 너무 부정적으로 볼 필요도 없어요. 자신의 성격을 파악해서 적성에 맞는 진로를 선택하거나, 타인과의 성격 차이를 지혜롭게 극복하는 등, 때에 따라 이롭게 작용할 수도 있기 때문이죠. 우리는 저마다의 개성이 있어요. '나쁜 성격', '안 좋은 성격', '좋은 성격', '완벽한 성격'

처럼 성격을 정의 내리거나 단정할 수 없다는 걸 잊어서는 안 돼요. 가령, ENTJ가 나왔다고 해서 모든 ENTJ가 다 똑같은 게 아닌 것처럼요.

유전적인 요소나 자라온 환경, 타고난 기질과 외부의 영향 등에 의해 우리는 고유의 성격이란 것을 갖게 됩니다. 물론 이 성격은 변할 수도, 변하지 않을 수도 있어요. 오늘의 나와 내일의 내가 다를 수 있고, 이십 대의 나와 삼십 대의 내가 다를 수도 있어요. 또는 그 반대일 수도 있고요. 분명한 건 이 MBTI라는 것을 통해 사람의 성격 유형을 '16가지'로 분류했고, 우리는 이것을 이용해 '자신'과 '타인'을 '이해'하고, 인간관계를 시작하는 데 좀 더 노련해질 수 있다는 겁니다.

그렇다면, 살면서 자신만의 그림 하나쯤 가져보는 건 어떨까요? 자신의 MBTI를 통해서 말이죠. 제가 각각의 유형에게 그림 두 점씩을 보여드릴 거예요. 하나는 자신의 현재 유형에 맞는 그림, 다른 하나는 자신의 단점을 극복할 수 있는 그림이에요. 찍어서 핸드폰에 소장해도 좋고, 메신저나 SNS 프로필 사진으로 활용해도 좋아요.

이 그림들을 꺼내 보며 내가 나를, 내가 남을 언제든 이해할 수 있게 말이에요.

ISTJ
청렴결백한 논리주의자

It's okay to have a dream that doesn't fly

　혼자인 게 편한 마이웨이 스타일입니다. 그래도 일 하나는 똑 부러지게 잘 해내지요. 질서와 규율, 규칙을 중시하며 조직에서 핵심 구성원 역할을 톡톡히 해냅니다. 시간과 에너지 낭비를 최소화할 수 있는 사고체계를 갖췄기에 굉장히 이성적이고 실리적이에요. 요즘 같은 사회 환경 속에서는 더할 나위 없이 좋은 캐릭터입니다. 지나치게 감성적이기만 한 사람들이 부러워할 만해요. 쉽게 동요하거나 쉽게 휩쓸리지 않으니까요. 그만큼 상처받을 일도 줄어들고요. ISTJ는 웹 개발자나 회계사처럼 조금은 날카롭고 첨예한 직업이 어울려요. 꼭 이런 직업군이어야 하는 건 아니지만, 이왕이면 자신의 장점을 최대화해보는 것도 나쁘지는 않겠죠?

툴루즈 로트렉, 1883, 〈거울 앞의 자화상〉, 판지에 유채, 40×32cm,
툴루즈 로트렉 박물관, 알비

페더 세버린 크뢰위에르, 1881, 〈히르쉬스프룽 가족 초상화〉, 캔버스에 유채, 109.5×135cm, 히르쉬스프룽 컬렉션, 크뢰하겐

보통 이런 유형은 갖춰진 틀과 시스템을 벗어나면 번아웃이 오는 경우가 많아요. 제풀에 지친다는 말 들어 봤죠? 시속 150km로 달리던 차가 갑자기 시속 100km로 속도를 낮추면 체감 속도가 확 떨어지는 것과 같아요. 시속 100km가 느린 속도가 아닌데도 말이죠. 자신의 관점과 지향성에서 멀어지는 순간, 반대 성향의 사람들을 보면서 답답해하기도 하지요. 이럴 땐 여유를 조금 갖고 주위를 둘러보는 게 좋습니다. 남들과 굳이 섞일 필요는 없어요. 다만, 나와 타인의 다름을 인정하고 일(업무, 학업 등)에서 잠시 떠나보아도 좋아요. 나무만 보면 어떻게 숲을 볼 수 있겠어요?

ISFJ
용감한 수호자

It's okay to have a dream that doesn't fly

다정다감하며 차분한 평화주의자예요. 한마디로, 창보다는 방패 같은 사람입니다. 언뜻 내성적인 것처럼 보이지만 인간관계에서는 많은 장점을 갖고 있어요. 근면하고 헌신적인 것은 물론 주변 사람들을 지극히 챙기는 마음씨 고운 사람이지요. 어려움을 겪고 있는 사람들에게 기꺼이 도움의 손길을 내밀어주는 그런 사람이라는 거죠. 그렇다고 감사를 바라는 것도 아니에요(이 정도면 천사 맞죠?). 신중하고 꼼꼼한 탓에, 무슨 일이든 책임감 있게 해요. 교사나 상담사, 은행원처럼 침착하면서도 나긋한 분위기의 직업이 잘 어울릴 것 같네요. 음, 누군가와 프로젝트를 진행해야 한다면 ISFJ와 하고 싶어요. 세상을 놀라게 할 근사한 작업물이 나올지도 몰라요!

　◆◆◆ ─── 아서 해커, 1902, 〈위험에 빠지다〉, 패널에 유채, 40×61cm, 개인 소장

갈등과 다툼을 싫어해요. 나 자신보다 주위 사람들을 더 아끼고요. 그래서 눈치도 많이 보고 상처도 잘 받는 편이랍니다. 그런데요, 언제나 방패 같은 사람이기만 하면 안 돼요. 때론 창처럼 찌르기도 하고 칼처럼 베어내기도 해야 한답니다. 막고만 있다가 방패가 모두 닳아버리거나 깨진다면, 그땐 어쩔 셈인가요? 타인을 생각하는 마음은 백번이고 이해하지만, 그 누구보다 아끼고 보호해야 하는 건 다름 아닌 자신이라는 걸 잊어선 안 돼요!

에두아르 마네, 1862, 〈로라 드 발랑스〉, 캔버스에 유채, 123×92cm, 오르세 미술관

ISTP
만능 재주꾼

It's okay to have a dream that doesn't fly

　냉철한 이성주의자예요. 그러면서도 왕성한 호기심을 지녔죠. 무언가를 만들고, 새로운 과제 완성에 흥미를 느끼는 편이에요. 재주가 많다 보니 삶을 비교적 다채롭게 활용하는 타입이고요. 지루하거나 무료할 틈이 없을 것 같아요. 그만큼 감각적이고 센스 또한 있죠. 직접 보고, 만지고, 느끼는 걸 좋아합니다. 자연스레 경험의 양이 많아질 수밖에 없어요. 그 경험을 토대로 자신만의 공간과 세계관에 머물기를 즐기죠. 건축가나 엔지니어 같은 감각적인 직업군을 선택해봐도 좋을 것 같아요. 어떤 건축물이 나올지 기대되지 않나요?

조르주 로슈그로스, 1894, 〈꽃의 기사〉, 캔버스에 유채, 235×374cm, 오르세 미술관

ISTP는 여성보다 남성에서 월등히 많이 나타나는 유형인데요. 그 때문은 아니지만, 공감 능력이 다소 부족한 것을 알 수 있습니다. 사람이 좀… 무미건조하다는 거죠. 그런 성향이 표정에서부터 드러나요. '아 저 사람, 말 걸기 힘들 것 같군' 그래서 가끔은 다른 사람들과 함께하는 시간이 필요해요. 그 시간이 너무 고통스럽고 참을 수 없다면 가까운 친구들이나 가족들과 함께하는 시간도 좋습니다. 물론 자신만의 능력을 기르고, 혼자 뚝딱뚝딱 해나가는 것도 좋지만 어쨌든 우리는 사회라는 공동체 안에 소속된 사람들이니까요. 너무 철저히 자신을 혼자 두지는 마세요.

페더 세버린 크뢰이어, 1888, 〈힙, 힙, 호레이!〉, 캔버스에 유채, 134.5×165.5cm,
예테보리 미술관

ISFP
호기심 많은 예술가

It's okay to have a dream that doesn't fly

새로운 것을 찾아 도전할 준비가 되어 있는 예술가예요. 언제나 전통적인 관습을 뛰어넘으려 하죠. 과거였다면 아마 '다다이스트'로 불리지 않았을까 싶어요. 물질적인 것보다는 자신만의 가치를 만들어가는 걸 좋아해요. 그만큼 행복지수 또한 높다고 볼 수 있겠죠. 남들이 가는 길을 똑같이 가지 않고, 나만의 길을 개척하는 그 숭고한 정신이라니…! 그래서 남들보다 자아를 좀 더 구체적으로 인식할 수 있어요. 이게 지나치면 문제가 되겠지만 어느 정도의 성찰은 성장하는 데 많은 도움이 될 거랍니다. 작곡가나화가, 작가 같은 창작자의 영역에 들어서 보는 건 어떨까요? 희대의 명곡, 명작이 탄생할지도 몰라요!

알베르트 에델펠트, 1883, 〈파리지엔느〉, 캔버스에 유채, 73×92cm, 요엔수 미술관, 핀란드

예술적 감각이 뛰어난 탓일까요. 도박이나 익스트림 스포츠 같은 위험한 활동을 즐기거나, 주위의 칭찬에 때로 무모한 행동을 하기도 하죠. 그런 경험들이 예술 활동에 도움이 될 수도 있겠으나, 리스크를 감수할 만큼의 건강한 '짜릿함'인지는 한번 생각해보는 게 좋을 것 같아요. 몸과 마음을 다쳤다고 해서 다 역작을 써내는 건 아니니까요. 그리고 또 하나, 예민한 만큼 타인의 감정에 지나치게 민감한 반응을 보이는 경향이 있어요. 의견충돌이 발생하면 대화로 풀지 않고 관계를 아예 끊어버리는 경우가 종종 생기죠. 사람의 감정보다 위대한 예술은 없다고 했던가요. 감정 절제를 못 하는 '훌륭한 예술가'는 있어도 감정 절제를 못 하는 '훌륭한 사람'은 없어요. 자신의 감정 때문에 상대방을 힘들게 해서는 안 돼요. 이성이 없다면 감성도 없어요.

◆◆◆

장 오귀스트 도미니크 앵그르, 1806, 〈제국의 왕좌에 오른 나폴레옹 1세〉, 캔버스에 유채, 263×163cm, 앵발리드 군사 박물관

INFJ
선의의 옹호자

It's okay to have a dream that doesn't fly

MBTI 유형 중 가장 드문 유형이 바로 INFJ인데요. 사건의 핵심을 파악하고 처리하는 데 탁월한 능력이 있어요. 그래서 어느 분야의 리더를 맡게 되든 멋지게 감당해내죠. 단호함과 결단력 면에서는 다른 유형과는 확실히 구분됩니다. 음식점 메뉴판을 앞에 두고 갈팡질팡하는 사람들 있죠? 그런 사람들이 부러워할 만한 빠른 판단력의 소유자예요. 어차피 오래 고민하고 걱정해 봐야 해결되지 않는 일이 80% 이상이니까요. INFJ는 사람들과의 관계에 높은 가치를 두고 주위의 소리에 귀 기울이는 편이에요. 종교인이나 디렉터, 컨설턴트 같은 직업군과도 잘 어울려요. 리더십을 발휘할 수 있는 곳이라면 그 어디든지요!

◆◆◆ —— 시드니 롱, 1919, 〈평원의 정신〉, 캔버스에 유채, 17.7×35.2cm, 호주 국립 미술관

오귀스트 르누아르, 1876, 〈물랭 드 라 갈레트의 무도회〉, 캔버스에 유채, 131×175cm,
오르세 미술관

뛰어난 리더십과 탁월한 공감 능력 때문에 오히려 거절을 못 해요. 꼭 이 유형이 아니더라도 누구나 한 번쯤 '거절' 때문에 곤란한 상황에 맞닥뜨려 봤을 거예요. 상대방을 향한 지나친 배려는 종종 자신을 곤경에 빠뜨리기도 합니다. 누군가를 옹호하고 지지하는 건 좋은 태도이자 의식이지만 그런 자신의 성향 때문에 눈치를 봐야 하고, 고민해야 한다면 생활이 너무 불편하지 않겠어요? 여러 사람과 친밀하고 깊은 관계를 형성하되, 어느 정도의 틈은 만들어 두는 것이 바람직해요. '만인의 사람'이 될 수는 없는 법이니까요. 자신의 정서적인 부분을 희생하면서까지 '리더'가 될 필요는 없다는 얘기죠. 부정적인 피드백은 과감하게 무시하는 그런 용기도 좀 가져보아요!

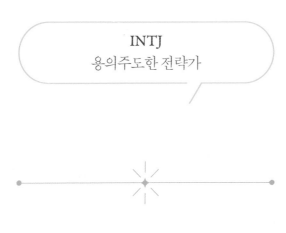

체스를 두는 듯한 정교한 움직임, 풍부한 지식의 소유자 INTJ예요. 지식을 추구해 학구열도 무척 강하죠. 평소에 무신경하다는 얘기를 많이 듣는데요. 아마 독립적 성향 때문일 거예요. 다른 유형에 비해 어려운 상황에서 벗어나는 능력이 뛰어나고, 그 상황을 최상의 결과로 바꾸어놓는 재능이 있어요. 적어도, 한발 앞서 있다는 거예요. 조용하고 침착한 성향은 이 완벽함을 더욱 견고하게 다져줍니다. 생물학자나 사진작가, 마케터 같은 직업군은 이런 유형의 장점들을 특히 잘 살려줄 수 있을 것 같아요. 관찰력과 통찰력, 포착해내는 능력이 다른 모두를 압도하니까요.

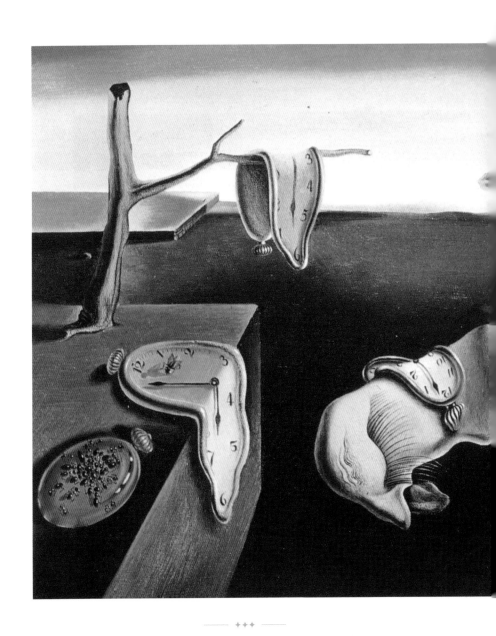

살바도르 달리, 1931, 〈기억의 지속〉, 캔버스에 유채, 24×33cm, 뉴욕 현대 미술관

집중력이 상당하지만, 그 집중력이 때로는 자신만의 세계로 빠져들게 하는 함정이 됩니다. 심지어 친구들, 가족들과의 거리도 벌려놓죠. 여러 관점에서 문제를 들여다볼 수 있는 만큼, 다양한 관점에서 타인을 비난할 수도 있는데요. 관찰하고 분석하는 건 좋지만 남을 깎아내리고 폄하해서는 안 됩니다. 이럴 땐 비슷한 가치관을 가진 주위 사람들과 시간을 잠시 보내보는 게 어떨까요? 압박과 집착으로부터 빼앗긴 에너지를 되찾는 거예요. 자신에 대한 높은 기준과 엄격한 태도도 좀 내려놓고요!

INFP
열정적인 중재자

It's okay to have a dream that doesn't fly

밝고 상냥한 성격의 이타주의자예요. 최악의 상황에서도 늘 좋은 상황을 생각하고 나아가요. 긍정의 힘을 믿는 거예요. 삶의 아름다움과 도덕적 양심, 미덕을 좇는 건실한 유형이라고 볼 수 있어요. 이런 사람들만 모인 곳이라면 아마 법도 필요하지 않겠죠? INFP는 작고 사소한 부분에서조차 의미와 가능성을 찾아요. 그뿐만 아니라 상대방의 디테일한 부분을 캐치해내는 능력과 낭만적 성품을 지녔기에 관계에 있어 갈등이나 오해를 빚는 일이 거의 없어요. 교수나 저널리스트, 인사담당자 같은 직종과도 잘 어울리죠. 사람을 기분 좋게 만드는 해피 바이러스를 끊임없이 퍼뜨릴 테니까요. 자신이 가진 백만 불짜리 긍정 에너지를 믿으세요!

엘리자베스 비제 르 브룅, 1789, 〈자화상, 딸 줄리와 함께〉, 캔버스에 유채, 130×94cm,
루브르 박물관

예민한 감수성 탓에 멘털이 한순간에 무너져 내리기도 합니다. 작은 것에도 감사함을 느끼는 사람은 작은 것에도 불행함을 느끼기 마련이니까요. 주위의 작은 자극에도 심한 거부 반응을 일으킬 수 있는데, 그 부분을 조심해야 돼요. 상황을 객관적으로 바라보지 못하면 결국 망상에 빠져 허우적거리게 되지요. 상처받는 건 오직 자신이에요. 그러니 작은 현상은 작은 현상으로만 보고 그냥 내버려두세요. 확대하지도 말고, 그것에 너무 연연하지도 말아요. 무엇보다 자신이 가진 낭만을 다른 사람들도 갖고 있을 거란 착각을 해서는 안 됩니다. 상처받기 딱 좋아요. MBTI조차 사람을 16가지 유형으로 나누는데, 이 많고 많은 사람들 가운데 자신과 닮은 사람을 찾는 게 어디 쉬운 일이겠어요?

———— ✦✦✦ ————

폴 세잔, 1895, 〈귀스타브 제프루아의 초상〉, 캔버스에 유채, 110×89cm, 오르세 미술관

INTP
논리적인 사색가

It's okay to have a dream that doesn't fly

독창성과 창의력, 지적 호기심이 엄청납니다. 새로운 지식에 늘 목말라 있죠. 모든 유형 중 창의적 지능과 논리적 지능이 가장 뛰어나다고 볼 수 있어요. 아이디어나 원리에 관심이 많으며, 실체보다는 실체가 안고 있는 가능성에 대해 분석하길 즐깁니다. 이만하면 천재가 아닌지 의심해봐도 좋을 것 같은데요. 그 어렵다는 자기 객관화도 아주 잘 되는 편이에요. 엉뚱한 상념에 쉽사리 사로잡히지 않죠. 법조인이나 연구원, 동시통역사의 면모를 살펴볼 수 있어요. 이름만 들어도 멋지지 않나요. 귀한 사람으로 우뚝 설 수 있을 거예요.

르네 마그리트, 1936, 〈철학적 등불〉, 캔버스에 유채, 46×55cm, 개인 소장

앙리 마티스, 1946, 〈폴리네시아, 하늘〉, 과슈, 종이붙이기, 200×314cm, 파리 조르주 퐁피두센터

사람이 지나치게 논리적이어서도 안 되는 걸까요? INTP는 종종 그들의 논리에 너무 빠져 아주 기본적인 감정적 고려조차 하지 못하는 상태가 되곤 합니다. 그로 인해 타인의 감정을 해치기도 하고, 불쾌감을 조성하기도 하죠. 이 또한 저마다의 성향이기에 이것을 두고 '좋다', '나쁘다' 말할 수는 없겠으나 인간적인 측면에서 그리 환영받는 스타일은 아니라고 말할 수 있겠어요. 그러니까, 자신이 다른 생각을 품고 있는 게 아닌데도 태도나 뉘앙스 때문에 오해를 살 수 있다는 거예요. 물론 반드시 환영받는 사람이 되어야 하는 건 아니에요. 남한테 피해만 안 주면 되는 거죠. 그래도 때로는요. 여러분의 인간적인 모습을 기대하는 사람들이 있을 거예요. 그 사람들을 위해서라도 한번 씨익, 웃어 보이는 거예요!

ESTP
모험을 즐기는 사업가

It's okay to have a dream that doesn't fly

명석한 두뇌, 뛰어난 직관력으로 다이내믹한 삶을 즐기는 모험가예요. 직설적이면서도 친근한 농담으로 주위의 이목을 끌죠. 어떤 문제나 상황 앞에서, 토론하기보다는 직접 몸으로 부딪치고 파고드는 걸 좋아해요. 삶의 다양한 맛과 멋을 즐길 줄 아는 거죠. 때로 역경 앞에서 결정적인 힌트를 제공해주기도 하고, 일선에 나서서 도움을 주기도 합니다. 넘치는 활력과 사교성으로 동료들로부터 많은 인기를 얻기도 해요. '루시 모드 몽고메리'의 소설《빨강머리 앤》에 이런 대사가 나오죠.

"세상은 생각대로 되지 않는다고 하지만,

생각대로 되지 않는다는 건 정말 멋지네요.

생각지도 못했던 일이 일어나는걸요!"

"삶은 즐거움의 연속!" 이게 ESTP의 모토가 아닐까 싶어요. 선장이나 군인, 스포츠 캐스터 같은 직업이라면 여러분의 성향이 가진 장점들이 돋보일 것 같아요. 부디 그 마음 잃지 말고, 모험의 끝에서 분명한 삶의 해답을 얻길 바라요. 내일은 아직 도착하지도 않았어요!

◆ ◆ ◆

툴루즈 로트렉, 1886, 〈아리스티드 브뤼앙 카바레에서 루이 13세 스타일 의자의 후렴구〉,
종이에 콩테, 78×50cm, 히로시마 미술관

에너지가 많고 도전을 즐기는 타입이다 보니 행동이 앞서는 경향이 있어요. 말하자면 '충동적'으로 행동하는 경우가 많다는 건데요. 그 때문에 끝마무리가 허술하거나 계획된 일들이 불필요하게 번복되기도 합니다. 이론적인 대화나 무거운 분위기를 견디지 못해 엉뚱한 말과 행동을 보이기도 하고요. 말이 좋아서 '쿨'한 거지, 그런 행동들이 계속되면 주위 사람들은 난처해질 거예요. 가볍고 무례한 사람으로 낙인찍힐 수도 있죠. 지금의 모습도 충분히 아름답지만, 때로는 조금 신중하고 사려 깊은 움직임을 보일 줄도 알아야 해요. '지혜'를 뛰어넘는 '멋'은 없으니까요!

--- ✦✦✦ ---

카스파르 다비드 프리드리히, 1818, 〈안개 낀 바다 위의 방랑자〉, 캔버스에 유채,
98.4×74.8cm, 함부르크 미술관

ESFP
자유로운 영혼의 연예인

It's okay to have a dream that doesn't fly

　슈퍼스타가 등장할 차례인 것 같군요. ESFP의 친화력과 사교성은 비할 데가 없습니다. 센스와 유머는 말할 것도 없고요. 유쾌하고 활발한 성격으로, 언제 어디서든 분위기 메이커 역할을 톡톡히 해내죠. 낙천적이며 자존감도 높아서 웬만해서는 스트레스를 받지 않아요. 만병의 근원은 이미 해결된 셈이지요. 주위 사람이나 주변에서 일어나는 일에 관심이 많고, 사람과 사물을 다루는 일에 매우 능숙합니다. 인생을 이렇게 즐겁게 살아도 되나 싶을 정도로 낙천적이고요. ESFP만 모여 있다면 싸울 일도, 화낼 일도 없을 것 같아요. 이벤트 기획자나 승무원, 배우 같은 직업을 고려해봐도 좋아요. 특히나 삶이 팍팍한 요즘… 사람들에게 웃음을 주는 ESFP야말로 진정한 의사요, 간호사가 아닐까요?

존 싱어 사전트, 1878, 〈옥상 위의 카프리 소녀〉, 캔버스에 유채, 50.8×63.5cm,
크리스탈 브릿지 박물관

외젠 들라크루아, 1830, 〈민중을 이끄는 자유의 여신〉, 캔버스에 유채, 260×325cm, 루브르 박물관

귀가 얇고 자주 덤벙거려요. 말이 많아서 실수도 잦죠. 조금은 차분해질 필요가 있어요. 오지랖이 지나치게 넓은 사람을 흔히 '오지라퍼'라고 부르는데요. 이 일에 참견하고, 저 일에 참견하다 보면, 정작 중요한 '자신의 것'들을 놓칠 수가 있어요. 그리고 이런 행동들은 괜한 오해와 갈등을 불러일으키기도 해요. 전하고 전해지는 말은 왜곡되고 와전되기 마련이니까요. 이제는 타인에게 쏟을 관심을 반만 떼어내서 자신에게로 좀 돌릴게요. 사람이 너무 싱거워 보여도 좀 그렇잖아요. 단순한 건 좋지만 우유부단한 건 안 돼요!

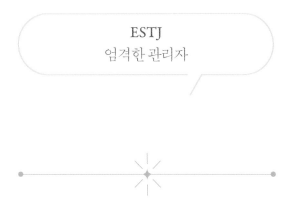

ESTJ
엄격한 관리자

It's okay to have a dream that doesn't fly

한번 시작한 일은 뿌리를 뽑는 성격입니다. 철저히 계획적이며, 자기 관리 또한 완벽해요. ESTJ는 옳고 그름을 따져, 사회나 회사의 질서를 정립해 주는 리더의 역할을 담당하지요. 정직하고 헌신적이며, 군중을 단결시키는 힘도 지니고 있어요. 신라시대로 치면 대장군(무관의 으뜸 벼슬) 같은 유형이라 할 수 있겠는데요. 주어진 일을 슬기롭게 잘 해결한다는 게 아마 가장 큰 장점이 아닐까 싶어요. 경찰이나 파일럿, 정치인 같은 직업군과도 매치가 잘 될 것 같아요. 진중하고 무게감 있는 ESTJ가 있다면 저라도 기대고 싶은 걸요?

고집이 황소 같아서 자칫 이기적이고 독단적인 사람으로 비칠 수 있어요. 의도와는 상관없어요. 때로는 타인의 단점을 디테일하게 지적하며 화를 내기도 하죠. 답답한 마음은 알겠지만 한 걸음 물러설 줄 아는 여유도 필요해요. 모두가 '나' 같을 수는 없잖아요? 특히 이러한 유형은 장점이 단점이 되기도 하는데요. 공격적인 성향이 옳은 일에 쓰이기만 하는 것은 아니랍니다. 겨울이 지나면 봄이 오듯이, 차갑다가도 어느 순간에는 따듯한 온기로 품을 수 있어야 해요. 지금보다 더 많은 것들을요.

◆ ◆ ◆

안톤 로마코, 1878, 〈젊은이의 초상〉, 캔버스에 유채, 115.5×80cm, 레오폴드 미술관

ESFJ
사교적인 외교관

It's okay to have a dream that doesn't fly

사회성이 뛰어난 협력자예요. 누구보다 친절하며 능동적이죠. 모든 유형 중에서 가장 외향적이라고 볼 수 있겠어요. 조화와 균형을 중요시하고, 개인의 이익보다는 집단의 이익을 추구합니다. 천성이 어질고 순수해서 사람들에게 환영받는 편이에요. A와 B를 이어주는 가교 역할을 하기도 하고요. 사교계의 귀족이라는 별명이 붙을 만큼 타인을 편안하게 만드는 ESFJ는 기획자, 약사, 물리치료사 등의 직업과 잘 어울립니다. 낯가림이 없고 적응 또한 빨라 일에 많은 보람을 느낄 테고요. 고민이 있거나 상담이 필요할 때, 이런 친구가 곁에 있다는 건 어쩌면 축복일지도 모르죠.

에드워드 호퍼, 1949, 〈한밤의 회의〉, 캔버스에 유채, 102×71cm, 위치타 미술관 © 2023 Heirs of Josephine Hopper / Licensed by ARS, NY – SACK, Seoul

배려심이 깊은 만큼 생각도 많습니다. 남들이 하는 말 한마디에 백 가지가 넘는 생각을 하죠. 생각이 너무 많으면 대부분 결과가 좋지 못해요. 정말 별생각 없이 뱉은 말인데, 그걸 가지고 온종일 씨름하고, 오해하고… 시간 낭비, 감정 낭비는 더 이상 없어야 해요. 감정 기복이 심한 이유도 여기에 있어요. 타인의 시선이나 평가로부터 조금은 자유로워지세요. 상처받지 않을 수 있는 가장 좋은 방법이니까요. 자신이 행복하고 평안해야 남도 그렇게 해줄 수 있어요. 타인을 배려하는 건 좋지만 사교를 위해 무리하게 에너지를 소모할 필요는 없답니다. 가장 소중한 건 당신과 당신의 마음이에요!

헤리트 반 혼토르스트, 1622, 〈발코니의 악사들〉, 패널에 유채, 310×216cm, 폴 게티 미술관

It's okay to have a dream that doesn't fly

정열적이고 활기가 넘치며 상상력이 풍부해요. 그래서 항상 새로운 것을 찾고, 새로운 시도를 즐기죠. 자유롭고 유연한 사고 덕에 타인과 정서적 유대감을 쉽게 형성하고요. ENFP와 함께 있으면 괜히 뭔가를 도전하고 싶고, 일상을 벗어나고 싶어져요. 고리타분한 건 딱 질색이거든요. 위기 대처 능력도 뛰어나서 직면한 문제 앞에서 우물쭈물하는 일이 거의 없어요. 무엇보다 잠재력을 이 유형의 가장 큰 장점으로 꼽을 수 있겠는데요. 타고난 직관력으로 사물을 꿰뚫어 볼 줄 알며, 나아가 미래를 내다보기도 하지요. 샘솟는 아이디어는 보석과도 같아요. 브랜드 매니저나 캐스팅 디렉터 같은 역할도 잘 어울릴 것 같네요!

'머릿속이 꽃밭'이라는 말 들어보셨나요? 비현실적 생각에 빠져 사는 ENFP에게 붙는 수식어랍니다. 상상의 힘은 좋아요. 끝내 무언가를 이룩하게 만드니까요. 그러나 공상에만 빠져 있으면 현실의 수많은 것들을 놓치게 돼요. 그건 사람일 수도 있고, 어쩌면 기회일 수도 있지요. 아이디어가 지나치면 공상이 되고, 현실감각을 상실하면 생활이 불편해지는 건 순식간이에요. 뭐든 정도가 중요하답니다. 우리가 SF 소설의 주인공이라면 별문제 없겠지만, 여전히 우리는 '현실'을 딛고 살아가야 하니까요!

--- ◆◆◆ ---

툴루즈 로트렉, 1892, 〈물랭 루즈에 들어서는 라 굴뤼와 두 여인〉, 판지에 유채, 79×59cm, 뉴욕 현대 미술관

라우리츠 안데르센 링, 1890, 〈포터 허먼 칼러〉, 캔버스에 유채, 48.5×59cm,
란데르스 미술관

ENTP
논쟁을 즐기는 변론가

It's okay to have a dream that doesn't fly

당차고 경쾌하며, 소신 있는 성격이에요. 가끔 엉뚱한 모습을 보이기도 하지만, 그런 모습 속에서도 늘 자신감이 넘친답니다. 지능이 뛰어나고 임기응변에 탁월한 재주가 있어요. 각 유형의 장점을 조금씩 섞어놓았다고도 볼 수 있겠는데요. 말하거나 글을 쓰는 재주가 남다르고, 유연한 사고에 순발력까지 겸비한 ENTP… 그야말로 다재다능하다고 볼 수 있겠습니다. 가장 두드러진 장점이라면 '강강약약'을 들 수 있어요. 강한 사람에게는 강하고, 약한 사람에게는 한없이 약한 정의의 사도죠. 기존의 체제 자체를 뒤집어버리는 화끈한 면모도 있어요. 언론인, 개발자 같은 직업을 가진다면 그 역량을 제대로 발휘할 수 있을 거예요.

앙리 루소, 1894, 〈전쟁 혹은 불화의 기마여행〉, 캔버스에 유채, 114×195cm, 오르세 미술관

Henri Rousseau

워낙 솔직하고 직설적이라 타인에게 상처를 줄 때가 많아요. 회사나 기타 조직에 속해 있다면 윗사람과의 충돌도 배제할 수 없습니다. 주관이 뚜렷하고 소신 있는 건 좋지만, 어느 정도 조율하고 수용하는 자세를 익힐 필요가 있어요. 이것을 '타협'이 아닌 '조화'로 보겠습니다. 그래야 최소한 노력이라도 할 테니까요. 마음에 좀 들지 않아도, 성에 조금 안 차도, 받아들이고 포용하는 성숙한 자세를 겸비한다면, 어쩌면 '완전체'가 될 수도 있을 것 같아요. 좋은 하드웨어를 가지고 있으면서, 굳이 좋지 않은 소프트웨어를 사용할 필요가 없다는 거예요!

◆◆◆

메리 커셋, 1897, 〈마로니에 나무 아래서〉, 드라이포인트와 아쿠아틴트,
48×39cm, 휴스턴 미술관

ENFJ
정의로운 사회 운동가

It's okay to have a dream that doesn't fly

온화하며 동정심이 많아요. 인내심 역시 강하죠. 인생과 인간을 따뜻하게 바라보는 그들만의 '시선'이 참으로 독특해요. 16개의 유형 중 가장 보기 드문 유형에 속하기도 하고요. 가치 있는 일에 헌신하기를 꺼리지 않으며, 베푸는 삶에 익숙합니다. 특히 올바른 공동체를 만들기 위해 좋은 사람들을 동참시키고, 그들을 이끄는 데서 자부심과 큰 행복감을 느껴요. 천사를 형상화하면 ENFJ가 될까요? 정의를 위해 싸우며 늘 약자의 편에 있으니까요. 이러한 성향을 미루어 본다면 물리치료사나 영양사 같은 직종과 잘 어울릴 듯해요. 그건 그렇고, 날개는 어디에 두고 온 거죠?

비토리오 마테오 코르코스, 1896, 〈꿈〉, 캔버스에 유채, 160×135cm, 로마 국립 현대 미술관

빌헬름 함메르쇠이, 1901, 〈스트란가데 거리의 햇빛이 바닥에 비치는 방〉,
캔버스에 유채, 46.5×52cm, 코펜하겐 국립 미술관

남을 쉽게 비판하지 않으면서 자기반성은 또 엄청 열심히 합니다. 자신을 돌아보는 건 좋지만 지나친 자기비판은 삼가는 것이 좋아요. 자신을 과소평가하게 되거나 자존감을 떨어뜨릴 수도 있기 때문이죠. '객관화한 자신을 조망하는 것' 자체만으로도 충분하답니다. 과도한 자기비판은 '자기태만'의 한 형태로도 발전할 수 있어요. 자신을 비판함으로써 건강하지 못한 행동을 이어가는 것에 대한 당위성을 찾는 거죠. 이럴 때는 자신과 대화하는 연습을 해보는 것도 방법일 수 있어요. 스스로 묻고, 스스로 답하는 거죠. 그리고 쓰다듬어주세요. 내가, 나를요.

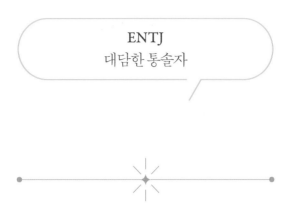

ENTJ
대담한 통솔자

It's okay to have a dream that doesn't fly

　본인의 마음과 직관을 믿고 나아가며, 진취적인 생각과 압도적 결정력을 자랑합니다. 논리적 추론과 책임감에 두각을 나타내고 그것을 즐기기까지 하죠. 언어 또한 명료하고 간결합니다. 자기실현적 태도가 남다르다고 볼 수 있어요. 크고 작은 일에 도전하며, 충분한 시간과 자원이 보장될 때 그 어떤 목표도 이뤄내고 마는 유형이에요. 혁신적인 해결책을 고안해내는 능력도 탁월해서 주변의 많은 이들에게 좋은 영향력을 행사합니다. 사령관의 카리스마라고 하면 조금 과할까요. 컨설턴트, 교수, 외교관 등과 성향이 잘 맞아요. 자신이 속한 무리의 대장이 ENTJ라면 믿고 따라도 될 것 같지 않나요?

장 오귀스트 도미니크 앵그르, 1845, 〈오송빌 백작부인〉, 캔버스에 유채, 132×92cm,
프릭 컬렉션, 뉴욕

신념과 자기 확신이 지나칠 때면 타인의 의견을 무시하기도 합니다. 자기 말과 생각이 '정답'이 아닌데도 말이죠. 때로 불가능한 질서나 기준을 따르도록 강요하기도 하죠. 설령 그것이 옳다고 해도 '다름'을 인정하지 못한다면 자기만의 세계에 갇힐 우려가 있어요. 완벽주의 성향이 꼭 나쁘다는 건 아니지만 모든 기준을 자기에게 맞춘다면, 맞춰야 한다면 더불어 사는 기쁨을 놓칠 수도 있을 거예요. 자신의 성향 중 지나친 것들이 있다면 절제할 줄도 아는 게 진정한 미덕이지요. 그럴 때 한층 더 성장하는 게 사람이라면, 해볼 만하지 않겠어요?

—— ✦✦✦ ——

폴 세잔, 1899, 〈사과와 오렌지가 있는 정물〉, 캔버스에 유채, 74×93cm, 오르세 미술관

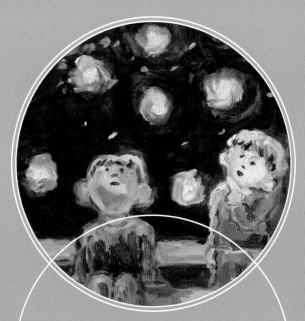

Chapter 5

사랑, 삶, 그림,
그리고 나

나를 치유한 그림들

It's okay to have a dream that doesn't fly

학생들을 비롯해 많은 사람들이 저를 교수로, 작가로, 또 전시 기획자로 알고 있습니다. 그런데 그 이전에 저는 여러분들과 똑같은 사람, 김선현이에요. 사람들을 치료하지만 동시에 사람들에게 치료받는 사람이기도 하고요. 여러분이 겪은, 혹은 겪게 될 그 지난한 세월을 여러분보다 먼저 만나본 사람으로서 이번 챕터를 통해 제 이야기를 좀 해볼까 해요. 한 사람의 아내이자 두 아들의 엄마인 '김선현'의 이야기를 말이죠.

제 전반기의 삶을 이등분한다면 결혼 이전과 결혼 이후로 나눌 수 있을 것 같아요. 중고등학교 시절은 여느 또래들과 크게 다르지 않았어요. 다른 점이라면 남들보다 조금 도전적이고 진취적인, 그런 학생이었다는 거죠. 비영리단체를 통해 양로원과 고아원을 오가며 매년 봉사활동을 했고, 신문반 임원은 학창 시절 내내 놓친 적이 없었죠. 읽고 쓰는 걸 워낙 좋아했으니까요. 그림에도 흥미가 많았는데, 여러 미술대회에서 입상하며 꿈을 조금씩 키워나가기 시작했어요.

미술과 예술을 좋아하다 보니 자연스레 미술 대학에 들어가게 되었어요. 처음 가입했던 동아리가 기독교 동아리였는데, 그때부터 제 삶이 본격적으로 변화하기 시작했어요. 공부와 신앙, 두 마리 토끼를 잡으려 부단히 애썼던 것 같아요. 열심히 공부하고, 신나게 놀면서도 해야 할 일이 무엇인지 분명히 알고 있었으니까요.

—— ✦✦✦ ——

존 라베리, 1892, 〈빨간 책을 읽는 오러스〉, 캔버스에 유채, 76×63.5cm, 개인 소장

저는 스물여섯, 비교적 어린 나이에 결혼했어요(당시엔 그렇게 빠른 편도 아니었지만). '내게 주어진 삶의 형태들을 하나하나 받아들이자'라는 마음이었는데, 돌이켜보면 참 많이 힘들었던 것 같아요. 결혼하자마자 대학원 갔죠, 애 낳았죠, 일했죠…, 이 모든 걸 어떻게 감당했는지 지금도 미스터리예요. 공부와 일, 육아를 병행해야 하는 당시의 상황은 정말이지 아찔했답니다.

야간 강의가 있을 때는 애들을 맡길 데가 없어서 동네 슈퍼 아주머니에게 맡기곤 했어요. 강의 마치고 돌아오면 슈퍼 여기저기에 우유갑이며 빵 봉지가 널브러져 있었고요. 심지어 먹지 않고 뜯기만 한 것들도 있었죠(애들이 아직 어릴 때라…). 강사료로 빵값 계산하고 아주머니 사례비 조금 드리고 나니 버스비가 딱 남더라고요. 모이는 돈보다 나가는 돈이 더 많을 때였어요. 한번은 시민단체 대상으로 강의를 나가야 하는데 애가 아픈 거예요. 애를 맡길 데도 마땅히 없어서 강의하는 곳에 애를 데려가기도 했어요. 아찔하다 못해 처절했던 순간이었죠.

페더 세버린 크뢰이어, 1893, 〈장미〉, 캔버스에 유채, 67.5×76.5cm, 스카겐스 박물관

"공부와 일을 멈추지 않게 해줘."

결혼할 때 제가 남편에게 내건 조건이었어요. 힘들어도 참고 견뎌야 하는 이유이기도 했지요. 그래서 바쁘고 정신없는 와중에도 아이들과 최대한 많은 시간을 함께 보내려 애썼어요. 그것이 아이들의 교육과 정서에 큰 영향을 끼칠 것임을 잘 알고 있었기 때문이죠. 병원에서 근무할 때는 새벽 여섯 시에 집에서 나와야 했어요. 매일 새벽, 아이들을 깨워 소파에 앉힙니다. 그러고는 비몽사몽인 첫째에게 말하죠.

"엄마 병원 도착해서 7시쯤 전화할 테니까 동생 깨워서 식탁에 차려놓은 밥 먹고, 유치원 바래다주고 너는 학교로 바로 가. 손잡고 다니고, 차 조심하고."

제가 어느덧 50대 중반에 접어들었으니, 20년도 더 된 일이에요. 지금 그 시절로 돌아간다면 아마 그때의 반의반도 못 따라 할 거예요. 이렇게 무수한 세월이 흐르는 동안 저도 트라우마라는 걸 얻게 되는데요. 몸을 혹사한 탓에 얻게 된 질병과 수술, 그 밖의 개인적인 여러 사건으로 인해 심리적·정신적 후유증을 심하게 앓았죠. 저는 웬만한 트라우마는 어렵지 않게 극복해내곤 했는데요. 당시의 트라우마는 뭔가 달라도 다르더라고요. 끝도 보이지 않는 운동장에 실오라기 하나 걸친 채 버려진 기분이었달까요. 그때 저는 아래의 세 가지를 마음속에 새겼어요.

첫째, 나는 크리스천이다.

둘째, 신은 내가 감당할 수 없는 시련은 주지 않으신다.

셋째, 트라우마 전문가라면 이 정도는 극복해야 한다.

이 마음들이 실제로도 많은 도움이 됐던 것 같아요. 처음 의대 교수가 됐을 때 '교수님은 형편과 조건이 좋았을 거야', '가족 중 누군가가 의사일 거야' 같은 얘기가 나오기도 했어요. 그도 그럴 것이 미술 치료 전공자가 의대 교수가 되는 건 극히 드문 일이었기 때문이죠. '치료'라는 단어 때문에 결이 비슷해 보일지 몰라도 당시만 해도 의학과 미술 치료는 연관이 거의 없었답니다. 그런데 저는 그런 오해들이 싫지 않았어요. 오해할 만큼 근사한 무언가를 이뤄냈다는 생각에 오히려 즐거웠거든요. 뭐, 감사할 일이죠!

━━━ ✦✦✦ ━━━

안톤 로마코, 1882, 〈급류를 건너는 소녀〉, 캔버스에 유채, 64×89cm, 레오폴드 미술관

병원 일이 바쁘다 보니 간혹 애들 밥때를 놓치기도 했는데요. 당시 애들에게 '너희끼리 있을 때 불 사용 금지령'을 내렸었습니다. 아직은 어렸으니까요. 가스레인지는 근처에도 못 가게 했고, 커피포트처럼 위험 요소가 조금이라도 있는 물건은 아예 없애버렸죠. 하루는 제가 일 때문에 평소보다 늦게 왔는데, 배를 곯던 애들이 글쎄 컵라면을 세면대에서 나오는 뜨거운 물로 불려(?) 먹고 있는 거예요. 보통의 엄마들이 그 현장을 목격한다면 십중팔구는 눈물을 보일 테지만 저는 "제군들, 멋진걸?" 하며 칭찬해주었습니다.

조심해야 할 건 분명하게 주의 주고, 그 외엔 좀 자유롭게 내버려두는 편이었죠. 큰 해를 입지 않는 한 자기들 하고 싶은 대로 다 해볼 수 있게 말이죠. 무엇보다 '도리'를 깨달을 수 있게 환경을 조성했는데요. 가령 '일하지 않은 자, 먹지도 말라' 같은 식으로 말이죠(좀 너무한가요?). 하다못해 식사 한 번을 하는 데도 여러 가지 '도리'들을 스스로 챙길 수 있게끔 했어요.

① 밥 퍼 담기
② 반찬 나르기
③ 빈 그릇 옮기기
④ 각자 설거지

여기서 벌써 4가지 도리가 나옵니다. 이런 교육 덕인지, 뚜렷한 '주관'과 '경우'를 동시에 체득하며 아이들은 성장하게 됩니다. 시간이 좀 더 흘러 이전보다 훨씬 바빠지기 시작했을 때, 아이 둘을 앉혀놓고 이런 얘기를 했어요.

"엄마 이제 박사학위 받았고, 지금부터는 많이 바빠지게 될 거야. 너희 서운해할까 봐, 미리 얘기를 좀 할게. 엄마가 일을 해야만 하는 이유는 세 가지야. 첫째, 경제적 문제를 해결해야 해. 커다란 부를 원하는 건 아니지만, 적어도 부족하지는 않게 말이야. 둘째, 엄마가 오랫동안 공부한 분야를 통해서 엄마의 자아실현과 자아 성취를 이룰 거야. 이건 오래된 엄마의 꿈이기도 해. 셋째, 봉사하고 공헌하고 싶어. 받은 만큼 되돌려주는 거지. 그것이 지식이든, 물질이든, 마음이든 말이야. 특히 엄마가 속한 분야는 남을 돕고 치료하는 데 큰 의미를 두니까."

그랬더니 아이들이 낄낄거리며 웃더라고요. 알아들은 건지, 못 알아들은 건지…. 그렇게라도 말을 한 게 그냥 좋았던 모양이에요. 이 일을 하면서 가장 보람을 느끼게 되는 때는 아무래도 외국을 무대로 활동할 때가 아닌가 싶어요. 여러 나라에 '아트 테라피'를 보급할 때의 설렘 같은 것들이요. 힘들지 않다면 거짓말이겠지만, 일에 대한 만족도는 높은 편이랍니다.

앞서 말했지만, 제가 이 길에 처음 들어선 건 '아트 테라피'라는 용어가 우리나라에 아직 들어오기 전이었어요. 그래서 박사과정을 밟기 전에 정말 많은 고민을 했죠. 어쩌면 인생에서 가장 중요한 '선택'을 해야 했으니까요. '미술도 좋고 치료도 좋다면 미술과 치료를 접목한 미술치료의 길을 가

✦✦✦

타마라 드 렘피카, 1929, 〈녹색 부가티를 탄 타마라〉, 판넬에 유채, 35×26.6cm, 개인 소장

면 그뿐이야!'라고 마음먹고 열심히 공부했어요. 미술치료에 관련된 다양한 경험도 했고요. 그렇게 우리나라 최초의 미술치료 담당 대학병원 교수가 될 수 있었답니다.

트라우마에 대한 연구와 치료를 본격적으로 시작하게 된 데엔 특별한 계기가 하나 있어요. 9·11 테러 이후 미술치료학회장 '폴라 하위'의 초청으로 미국을 가게 되었는데요. 병원을 방문하고 깜짝 놀랐습니다. 테러로 인한 부상자, 유가족 등을 위한 심리치료 프로그램이 너무나 잘 구성되어 있었기 때문이죠. 우리나라도 당시 대구 지하철 참사로 큰 아픔을 겪고 있었기에 치료 인프라의 격차가 훨씬 크게 느껴졌어요. 휠체어에 앉아 치료용 그림을 그리던 어느 노부부의 모습은 지금까지도 잊히지 않아요. '트라우마'라는 용어가 우리 생활에 널리 쓰이게 된 것은 비교적 최근의 일인데요. 그러다 보니 과거엔 트라우마를 겪고 있음에도, 그것이 어떤 현상인지 스스로 판단하지 못했어요.

'국내에서 이런 심리치료가 활발해진다면 얼마나 좋을까.'

이후 제주 4.3사건을 비롯해 동일본 대지진, 쓰촨성 대지진, 네팔 지진, 세월호 침몰 사고, 강원도 산불 등 국내외 재난 현장에서 피해자와 유가족들의 다친 마음을 돌봤습니다. 질병관리본부에서 시행하는 코로나19 '심리적 방역' 상담도 진행했고요. '치료하면서 치료받는다'라는 말을 실감할 수 있었죠. 미술치료의 가장 큰 장점은 언어가 필요하지 않다는 건데요. 먼 이방의 나라에서도 미술치료가 힘을 발휘할 수 있었던 까닭이기도 합니다.

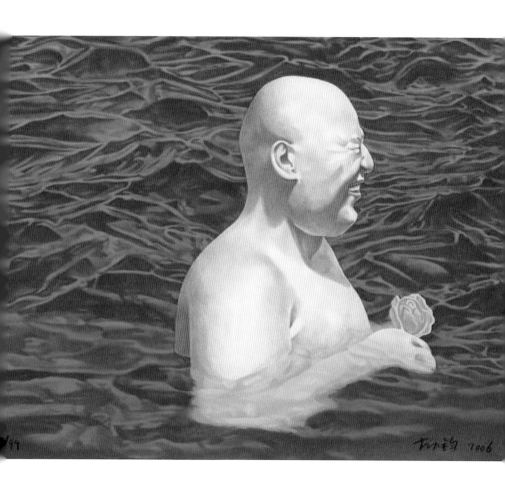

팡리쥔, 2006, 〈수영 시리즈〉, 2006, 석판화, 55×75cm, 개인 소장

그러던 차에 미국, 호주, 중국 등으로부터 트라우마 관련 연구 제의를 받게 됩니다. 어디로 갈 것인지 선택해야 했죠. 결국 중국행을 택했고, 그 결정을 내리는 데엔 그리 오랜 시간이 걸리지 않았어요. 상대적으로 의료 시스템이 덜 갖춰진 곳이 중국이기도 했고 쓰촨성 대지진, 문화대혁명, 난징 대학살 같은 거대한 사건의 연구와 치료에도 관심이 많았기 때문이죠. 그 후 교환교수로서 중국 베이징의대 병원에서 치료와 상담을 진행했어요. 무엇보다 중국의 미술이 세계 정상에 오르던 시기였기에 저의 '중국행'은 어쩌면 예견된 일이었지요. 국가의 트라우마를 그리는 중국 현대미술의 거장, 팡리쥔(方力鈞)과의 인연을 바탕으로 중국에서의 활동이 시작됩니다. 중국 미술에 대한 애정이 남다른 이유가 여기에 있어요.

최근에는 강의뿐만 아니라 '디지털 치료제' 연구개발에도 힘을 쏟고 있어요. 정신·심리 건강을 위한 다양한 콘텐츠 개발 역시 놓을 수 없는 저의 일이고요. 자살예방협회와 몇 년간 프로젝트를 같이 하면서 자살 예방을 위한 앱을 만들기도 했습니다. 특히 포스트 코로나19 시대를 맞아 '마스크 이후의 삶'에서 발생하는 아동·청소년들의 우울, 불안, 대인관계 문제에 대해 본격적인 상담 치료를 하고 있는데요. 자립준비 청년, 청소년 미혼모, 아동의 언어발달 지연과 사회성 결여가 코로나 이후 황폐해진 삶의 면면을 그대로 보여주는 것 같아 마음이 무척 아픕니다.

저는 '그림'과 '치료'라는 두 가지 꿈을 하나로 포개 마음속에 품고 살아왔어요. 물론 앞으로도 그럴 거고요. 저에게도 힘든 순간이 있었고 포기하고 싶은 순간이 있었어요. 정말 감사하게도, 무사히 여기까지 걸어온 거죠. 긁히고 찢긴 상처가 많아요. 이걸 영광의 상처라고 부르겠습니다. 혼자 이룬 꿈이 아니니까요. 가족을 비롯해 저를 믿고 응원해준 수많은 사람들의 이름이 아직 제 이마 위에서 반짝이고 있어요.

저는, 김선현이에요.

에드바르 뭉크, 1916, 〈태양〉, 캔버스에 유채, 455×780cm, 오슬로 대학교

X세대가 MZ세대에게

It's okay to have a dream that doesn't fly

연구실의 밤은 깊어가고, 어느덧 책의 마지막 장을 쓰고 있습니다. 이 책을 쓰면서, 만 원짜리 강의가 수백만 원이 될 때까지의 과정을 혼자 가만히 생각해보았는데요. 길고…, 또 길더군요. 분명한 건 여러분이 느꼈던, 느끼고 있는, 느낄 고통을 저 역시 잘 알고 있다는 거예요. 여러분이 가고 있는 그 길을, 저 또한 지나왔기 때문이겠죠.

여러분들이 껴안은 삶의 많은 문제점과 다양한 불행의 요소들이 있어요. 쓰라면 100개도 쓸 수 있겠지만 이제 더는 나열하지 않겠습니다. '불행'에 지지 마세요. 자신의 존엄과 그 가치를 잃지 말고 끝까지, 더 멀리 가세요.

아담 핸들러, 2022, 〈한밤의 슈퍼 마리오 납치〉, 캔버스에 오일스틱과 아크릴,
122×122cm, 개인 소장

지금까지 수십 권의 책을 냈지만, 이 책만큼 제 얘기를 많이 한 책은 없었던 것 같아요. 코로나19, 세대 간의 갈등, 경기침체 등⋯ 끊임없는 위기와 매일같이 직면하며 사는 '우리들의 이야기'이기에 유난히 더 마음이 많이 간 것 같아요(그러고 보니 잔소리를 너무 많이 한 것 같기도 하네요). 우린 각자의 형태로 '공존'하고 있어요. 이 책을 읽을 여러분이 어떤 사람이고, 얼마나 아름다운 모습일지 저는 무척 궁금해요.

아프면 아파하세요. 충분히 아파할 줄도 알아야 해요. 참지 말고요. 대부분의 '아픔'은 치료가 가능하다는 것도 잊지 마세요. 그게 의학적인 치료든 자가 치료든 영적인 치료든 말이에요. 병원이나 상담소에서 꼭 치료받길 권해요. 귀찮은 건 잠깐이에요. 훨씬 나아질 거예요. 저를 믿어요.

저는 X세대예요(한 번쯤은 들어봤겠죠?). 이 책은 'X세대 선배가 MZ세대 후배들에게 용기를 주고 싶어서 마음으로 쓴 책'입니다. 그렇게 생각해주면 참 좋을 것 같아요. 그런 의미에서 우리 약속 하나 해요. 영혼이 괴롭고 힘들어서 다 포기하고 싶을 때 주저 말고 저를 찾아오세요. 블로그랑 개인 SNS도 항상 열어둘 테니, 혼자 힘들어하지 말고 언제든 연락해요. 제가 여러분이 될 수는 없지만, 여러분을 느낄 수는 있어요.

그림이 액자에 갇히듯 어쩌면 우리도 이 세상에 갇혀 있어요. 벗어날 수 없죠. 벗어날 수 없다면, 정말 그렇다면 적어도 그 그림이 아름다운 그림이었으면 좋겠어요.

콰야, 2021, 〈창밖의 별 바라보기〉, 캔버스에 유채, 117×91cm, 개인 소장

이 책을 읽은 사람도,

이 책을 읽지 않은 사람도,

영영 아프지 않길 바라요.